Rolf Krenzer

Ich wünsch' dir einen guten Tag

Ich wünsch' dir einen guten Tag

Werkbuch für Religion und Gottesdienst

Mit Texten, Liedern und Spielvorschlägen für 5- bis 10jährige

Herausgegeben von

Rolf Krenzer

Lahn-Verlag Limburg

Wir danken den bei den Texten und Liedern genannten Autoren und Verlagen für die uns freundlicherweise erteilten Abdruckgenehmigungen.

Die im Inhaltsverzeichnis mit LP/MC gekennzeichneten 15 Lieder sind auf Langspielplatte und Musicassette unter dem Titel „Ich wünsch' dir einen guten Tag" erschienen bei ABAKUS, 6349 Greifenstein 2, LP 90052/MC 95052, und Studio Union im Lahn-Verlag, 6250 Limburg, LP/MC SU 8806.

CIP-Kurztitelaufnahme der Deutschen Bibliothek
Ich wünsch' dir einen guten Tag: Werkbuch für Religion u. Gottesdienst; mit Texten, Liedern u. Spielvorschlägen für 5- bis 10jährige / hrsg. von Rolf Krenzer. – Limburg: Lahn-Verlag, 1983.
ISBN 3-7840-3059-9
NE: Krenzer, Rolf [Hrsg.]

Mitglied der Verlagsgruppe engagement
Umschlaggestaltung: Hans Otto, Pallottinerdruck
Umschlagfoto: Werner H. Müller, Stuttgart
Zeichnungen: Dagmar Domina
Satz: Hagedorn, Berlin
Notensatz: Dieter Weyand
Druck: Pallottinerdruck und Lahn-Verlag GmbH, Limburg.

ISBN 3-7840-3059-9

INHALT

LP/MC = Diese Lieder sind auf der gleichnamigen Schallplatte bzw. Musicassette erschienen.

1. Guten Morgen, lieber Gott!

Geschichten zum Morgen

2. Sehr geehrter Lehrer Klaus

Schulgeschichten

3. Wir feiern heut ein Fest

Der Sonntag, der Feiertag

4. So einfach ist das

Geschichten vom Nachmittag, von der Freizeit und vom Urlaub

5. Wenn du nicht da bist

Zusammenleben in der Familie, mit Freunden

6. Ich wünsch' dir eine gute Nacht

Geschichten zum Abend und zur Nacht

Vorwort

„Ich wünsch' dir einen guten Tag". Unter diesem Titel werden Texte vorgestellt, die Kindern etwas von dem nahebringen wollen, was es für den einzelnen bedeuten kann, einen „guten" Tag erleben zu dürfen, einen Tag, der unter Gottes Schutz von einem guten Morgen zu einem guten Abend führt. Es kann ein Tag sein, der ganz unbelastet vorübergeht. Es kann aber auch ein Tag sein, der trotz großer Nöte doch noch zu einem trostreichen Ende gebracht wird, weil gerade in der Not Gottes Hilfe spürbar werden kann.

Die Texte, die hier mit methodisch-didaktischen Kommentaren und Hilfen angeboten werden, entsprechen in ihren Inhalten dem, was unsere heutige Welt ausmacht. So stehen neben Liedern und Geschichten, die ein Stück Geborgenheit vermitteln, andere Texte, die vom Ausgeliefertsein, von Tod und Not berichten und die den jungen Zuhörer betroffen machen, weil das, was hier geschildert wird, Kindern geschieht, z. B. die authentische Geschichte von dem kleinen Jungen mit Namen Jesus aus Guatemala. Kinder sind zuallererst bereit, Unrecht zu erkennen und Lösungsvorschläge für bessere Wege zu machen. Deshalb können solche Texte in dieser Sammlung nicht ausgeschlossen werden. Sie bieten die Chance, noch vorurteilsfreier sich mit den Gegebenheiten unserer Welt auseinanderzusetzen und nach besseren Lösungen zu suchen.

In sechs Kapiteln werden die besonderen Höhepunkte des Tagesablaufes von unterschiedlichen Autoren mit ganz verschiedenen Erlebnissen und Geschichten beleuchtet. Mit vielen Erlebnissen, Hoffnungen und Wünschen können sich die jungen Zuhörer identifizieren, weil sie ähnliche Erfahrungen und Erlebnisse selbst hatten. Andere Texte schildern neue, unbekannte, vielleicht auch erschreckende Situationen, die erst nach und nach verstanden werden und zum Nachdenken und eigenen Handeln auffordern.

Alle Texte benötigen die Hilfe des Erwachsenen, der Eltern, der Helfer im Kindergottesdienst, der Lehrer und Erzieher. Sie können vorgelesen oder nacherzählt werden und stellen Impulse zu notwendigen weiterführenden und vertiefenden Gesprächen dar. Viele Texte können auch in ein Rollenspiel umgesetzt werden. Einige direkte Spieltexte werden als Anregungen gegeben.

Der Schwierigkeitsgrad der Texte ist unterschiedlich. Er reicht vom einfachen Mitmach- und Spiellied, vom stilistisch und inhaltlich einfach gestalteten Text bis zur anspruchsvollen Geschichte und zum Kinderchanson, zu dessen Gehalt erst intensives Nachdenken und ebenso intensive Gespräche führen können. Als grobe Richtschnur sind die Texte

nach ihrem Schwierigkeitsgrad von * bis *** versehen. Der Schwierigkeitsgrad richtet sich aber nicht allein nach dem Alter, sondern nach der Aufnahmefähigkeit und Belastungsmöglichkeit der jeweiligen Kindergruppe, die mit dem Text konfrontiert werden soll. 15 Lieder (ebenfalls vom einfachen Spiellied bis hin zum anspruchsvollen Kinderchanson) werden auf einer LP und Musicassette von Studio Union im Lahn-Verlag angeboten (Best.-Nr. LP SU 8806 bzw. MC SU 8806) und ABAKUS (Best.-Nr. 90 052 bzw. Cassette 95 052).
Ein zweiter, ähnlich konzipierter Band mit Geschichten, Spielen und Liedern, die am Kirchenjahr orientiert sind, erscheint unter dem Titel „Ich wünsche dir ein gutes Jahr“ im Lahn-Verlag, Limburg. Auch zu diesem zweiten Band erscheint eine LP bzw. MC.

Rolf Krenzer

1.

Guten Morgen, lieber Gott!

Geschichten zum Morgen

** Ich wünsch' dir einen guten Tag

Fürbitte zum Morgen. Einer, der den anderen sehr lieb hat, wünscht ihm einen guten Tag und stellt ihn unter Gottes Schutz.

Gebet, Fürbitte.
Lukas 11,9–10

** Ich wünsch' dir einen guten Tag

T: Rolf Krenzer
M: Siegfried Fietz

2. Ich wünsch' dir in der Schule Spaß
und keinen Streit und keinen Haß,
daß du dich nicht verletzt, nicht fällst
und keinem in den Weg dich stellst,
daß du mit dem, was heute ist,
zufrieden bist.

3. Auch Spaß bei allem, was du tust,
und daß du heut' nicht weinen mußt,
daß du mit andern spielst und lachst
und vielen Menschen Freude machst,
denn dann erfährst du sicherlich:
Sie mögen dich!

4. Ich wünsch' dir, daß du Gottes Welt
erkennst und daß sie dir gefällt
und dich kein Ärger heut verdrießt.
Wenn du dann spät die Augen schließt,
sprich still mit Gott und danke sag
für diesen Tag.

In elementar erlebbarer Form wird in diesen Zeilen aufgezeigt, was ein Mensch einem anderen Menschen wünscht, den er von Herzen lieb hat. Zunächst sollte darüber gesprochen werden, wer wohl derjenige sein kann, der dem Kind diesen guten Tag wünscht. Es können die Eltern sein, die Großeltern, Verwandte, Freunde, jedenfalls Menschen, die in diesem Wunsch ihre Fürbitte für das Kind verbalisieren.
Es sind nur einige Dinge, die ein ganzer Tag bringen kann. Bestimmt reizt es, weitere Wünsche für den Tag aufzuzählen oder aufzuschreiben.
Unter dem Titel „Ich wünsch' *mir* einen guten Tag" können die eigenen Wünsche und Bedürfnisse einmal exemplarisch an einem Tag festgemacht werden. Dabei wird deutlich, daß diese mit Wünschen an andere fest verbunden sind, daß andere aber auch Wünsche an mich haben.
Der Text geht noch einen Schritt weiter, weil er nicht die Wünsche an andere, sondern die Wünsche für andere hervorhebt, somit in einfacher Form die Fürbitte für den Menschen, den man lieb hat, für den man sich verantwortlich weiß, in schlichten und Kindern verständlichen Worten darstellt.

Anregungen:

Kinder sollen aufschreiben oder aussprechen, was sie ihrem besten Freund, ihrer besten Freundin, ihrem Vater, ihrer Mutter, den Großeltern, Geschwistern und anderen Menschen, die sie kennen, wünschen. Das bedeutet, daß sie den Menschen, dem sie einen solchen guten Tag wünschen, kennen und vielleicht seine Situation durch diese Form der Fürbitte besser verstehen, wenn die Wünsche nicht im Oberflächlichen steckenbleiben. Das heißt, daß ein so entstehendes Fürbittgebet sich intensiv mit dem, dem das Kind einen guten Tag wünscht, auseinandersetzt und die Wünsche ihm entgegengebracht werden, die für ihn besonders wichtig sind. Und diese Wünsche können völlig verschieden von den eigenen sein.
Wie soll der gute Tag aussehen, den das Kind seinem Vater, seiner Mutter, seinen Großeltern, einem Freund, einer Freundin, dem Lehrer, dem Pfarrer ... oder dem nahestehenden Menschen, der krank ist, wünscht?
Wir können Wünsche sammeln (an der Tafel oder in Gruppen auf großen Papierbögen, auf die jeder solche Wünsche schreiben kann) und darüber sprechen, welche Wünsche eine gewisse Allgemeingültigkeit für alle haben (sie finden sich

auch in dem Text). Daneben wird es aber andere Wünsche, Fürbitten für den anderen geben, die sich speziell aus seiner Situation ergeben.
Die Fürbitte schließt aber nicht nur die Menschen ein, die dem Kind persönlich bekannt sind. Es sollte erfahren, wie die Situation eines gleichaltrigen Kindes aussieht, das krank ist, das behindert ist, dessen Eltern nicht bei ihm sind, das hungrig ist, das der Gewalt und dem Krieg ausgeliefert ist. Der Dank für den eigenen gut erlebten Tag ist ohne die Fürbitte für den anderen Menschen, dem man auch einen *guten* Tag wünscht, letztlich nicht denkbar. Und diese Fürbitte für den anderen wird in dem Gebet ausgedrückt, auf das die letzten Zeilen des Textes verweisen.

** Morgengebet

Ein Kind dankt in seinem Gebet Gott für die gute Nacht und bittet für den neuen Tag.

Morgengebet; wenn ich bete, spreche ich mit Gott. Ich kann Gott alles sagen.

Guten Morgen, lieber Gott!
Ich hab' heut gut geschlafen und hatt' einen schönen Traum.
Guten Morgen, lieber Gott!
Hast du auch gut geschlafen?
Ach, du schläfst sicher kaum.
Guten Morgen, lieber Gott!
Bitte gib mir einen Tag, an dem ich ein bißchen lachen kann.
Denn du weißt ja, wie's wird, doch für mich fängt's erst an.
Guten Morgen, lieber Gott!

Guten Morgen, lieber Gott!
Heute spiele ich Indianer, und ich bin der Winnetou.
Guten Morgen, lieber Gott!
Und dann gehn wir in den Zoo zu dem Riesenkänguruh.
Guten Morgen, lieber Gott!
Und ich freu mich auf die Eltern und auf Eberhard und Ruth,
auf die Lehrer nicht so sehr, das verstehst Du gut.
Guten Morgen, lieber Gott!

Guten Morgen, lieber Gott!
Sicher muß ich Eier holen und dazu ein frisches Brot.
Guten Morgen, lieber Gott!
Heute hab ich keine Lust zum Helfen, ach Du lieber Gott!

Guten Morgen, lieber Gott!
Bitte gib mir Lust zum Helfen, das ist heut mein großer Wunsch.
Keinen Ärger hat die Mutter, und ich zieh keinen Flunsch.
Guten Morgen, lieber Gott!

Guten Morgen, lieber Gott!
Du wirst heut gut zu mir sein, wie Du's oft gewesen bist.
Guten Morgen, lieber Gott!
Bitte hilf mir, daß ich zu Dir halte, auch wenn's schwierig ist.
Guten Morgen, lieber Gott!
Vielleicht lege ich heute für Dich gar nicht viel Ehre ein,
doch ich möchte so gern ein kleiner Christ sein.
Guten Morgen, lieber Gott!

Dietrich Mendt

Aus: Rolf Krenzer (Hrsg.): Regenbogen bunt und schön – Einfache Lieder zur Bibel. Ernst Kaufmann, Lahr – Kösel, München 1981, Seite 44 f.

Ein Junge betet und trägt Gott seine Wünsche und Nöte vor. Wie könnte das Morgengebet eines Mädchens, des Vaters, der Mutter aussehen? Wofür danken sie? Worum bitten sie?
Wir tragen die Gebete zusammen, die wir selbst als Morgengebete sprechen.
Wir lernen Kindergebete kennen, die aufgeschrieben wurden (Rolf Krenzer, Halte zu mir heute, guter Gott, Lahn-Verlag, Limburg – U. und E. Haller, Mein kleines Gebetbuch, Chr. Kaiser, München – Detlev Block, Gut, daß du da bist – Gebete für Kinder –, Ernst Kaufmann, Lahr – Benziger, Köln). Morgengebete kann man auch singen (zahlreiche Liedangebote in R. Krenzer, 100 einfache Lieder Religion und Regenbogen bunt und schön, Ernst Kaufmann, Lahr – Kösel, Nünchen).
Das Beten kann in festen Ordnungen geschehen, z. B. am Morgen. Das Kind erfährt, daß alle still werden und eine Gebetshaltung einnehmen.
Es erfährt auch, daß diese Stille guttut, daß einer oder alle mit ruhiger Stimme sprechen und daß das Gebet mit einem Amen schließt. Es erlebt, daß die Eltern, die mit ihm gemeinsam beten, auch Gott vertrauen.
Die gebundene Form des hier angebotenen Gebetes weist darauf hin, daß keine Sorge zu klein ist, um nicht Gott vorgetragen zu werden. Sie kann dazu anregen neben festen Versgebeten das freie Gebet, in dem alle Bitten aufgenommen werden können, selbst zu formulieren.

Beispiele:

Ein neuer Tag hat angefangen.
Wir sind gesund vom Schlaf erwacht.
Wir danken Gott für diesen Morgen
und für die gute Nacht.

Lieber Gott,
ich danke dir, daß ich gesund aufgewacht bin.
Beschütze mich den ganzen Tag.
Beschütze meine Eltern.
Amen.

Heute ist ein schöner Morgen.
Ich bin gesund und kann lachen.
Die Sonne scheint, und ich freue mich auf das Frühstück.
Lieber Gott, ich danke dir für alles.
Amen.

Du hast mich ruhig und gut schlafen lassen.
Gestern im Fernsehen habe ich so viel vom Krieg und von Gewalt gehört,
daß ich zuerst nicht einschlafen konnte.
Aber dann hast du mir doch den festen Schlaf geschenkt.
Du hast mir die Angst fortgenommen.
Hilf mir, guter Gott, daß es heute für mich ein guter Tag wird.
Hilf mir heute, morgen und übermorgen.
Immer!
Amen.

Alle Texte Rolf Krenzer

** Jesus lehrt uns beten

Das Vaterunser — Matthäus 6,7–13

Wenn wir zu Gott beten, wissen wir, daß Jesus selbst uns dazu aufgefordert und immer wieder ermuntert hat. Jesus sagt den Menschen:
„Gott ist unser Vater!
Wir dürfen immer und überall mit ihm sprechen.

Wir dürfen zu ihm beten.
Wir dürfen ihm unsere Bitten vortragen, Bitten für uns selbst und für andere.
Und wir dürfen sicher sein, daß Gott uns zuhört.
Es kommt nicht auf viele Worte an.
Gott weiß, was wir brauchen, bevor wir ihn darum bitten."
Jesus hat uns auch gesagt, wie wir beten sollen.
Heute beten die Christen in aller Welt das Gebet, das Jesus selbst uns gelehrt hat.
Sie beten es in vielen Sprachen, zum Beispiel in Deutsch, in Englisch, in Französisch, in Spanisch.
Wir beten es morgens und abends, im Gottesdienst und in der Schule, allein und mit unseren Eltern.

Jesus sagt: „So sollt ihr beten:

Vater unser im Himmel,
Geheiligt werde dein Name.
Dein Reich komme.
Dein Wille geschehe,
wie im Himmel so auf Erden.
Unser tägliches Brot gib uns heute
und vergib uns unsere Schuld,
wie auch wir vergeben unseren Schuldigern.
Und führe uns nicht in Versuchung,
sondern erlöse uns von dem Bösen.
Denn dein ist das Reich
und die Kraft
und die Herrlichkeit
in Ewigkeit.
Amen."

Das Gebet, das Jesus selbst uns gelehrt hat, ist das zentrale Gebet aller Christen. Es kann gemeinsam von allen gebetet werden, auch Zeile für Zeile, wobei ein Kind jeweils die einzelne Bitte vorspricht, die sofort von allen wiederholt wird.
Diese Zeilen können auch mit bestimmten Gesten unterstrichen werden, die vorher von allen gemeinsam erarbeitet werden, z. B. „Geheiligt werde dein Name" (wir heben beide Hände ausgebreitet hoch), „Unser tägliches Brot gib uns heute" (wir halten die Hände so aneinander, daß wir das Brot empfangen können) oder „und vergib uns unsere Schuld" (wir senken den Kopf). Erfahrungsgemäß lassen sich zu allen Bitten entsprechende Gesten finden, wobei die Kinder sehr erfindungsreich sind. Es ist allerdings wichtig, daß man sich dann auf ganz bestimmte Gesten einigt.

Gern wird das Vaterunser auch in gesungener Form aufgenommen, z. B. in der Fassung von Peter Janssens (Vorsänger + Chor/LP und Liedheft „Unser Leben sei ein Fest“, Peter Janssens Musikverlag, Telgte), in einfacher Form von Gertrud Lorenz (in Liederbuch und LP „100 einfache Lieder Religion“, Ernst Kaufmann, Lahr – Kösel, München) oder als Responsorium in der musikalisch sehr geglückten Fassung von Hans-Werner Clasen (in „Regenbogen bunt und schön“ – Einfache Lieder zur Bibel. Ernst Kaufmann, Lahr – Kösel, München):

** Vater unser

T: Matthäus 6, 9 - 13
M: Hans-Werner Clasen

Jeweils Vorsänger, dann Chor

Einer: Vater unser im Himmel.
Alle: Vater unser im Himmel.
Einer: Vater unser im Himmel.
Alle: Vater unser im Himmel.
Einer: Geheiligt werde dein Name.
Alle: Geheiligt werde dein Name.
Einer: Dein Reich komme.
Alle: Dein Reich komme.
Einer: Dein Wille geschehe,
Alle: Dein Wille geschehe,
Einer: wie im Himmel so auf Erden.
Alle: wie im Himmel so auf Erden.
Einer: Vater unser im Himmel.
Alle: Vater unser im Himmel.
Einer: Unser tägliches Brot gib uns heute
Alle: Unser tägliches Brot gib uns heute
Einer: und vergib uns unsere Schuld,
Alle: und vergib uns unsere Schuld,
Einer: wie wir vergeben unseren Schuldigern.
Alle: wie wir vergeben unseren Schuldigern.
Einer: Vater unser im Himmel.
Alle: Vater unser im Himmel.

Einer: Und führe uns nicht in Versuchung,
Alle: Und führe uns nicht in Versuchung,
Einer: sondern erlöse uns von dem Bösen.
Alle: sondern erlöse uns von dem Bösen.
Einer: Denn dein ist das Reich und die Kraft und die Herrlichkeit
Alle: Denn dein ist das Reich und die Kraft und die Herrlichkeit
Einer: in Ewigkeit. Amen.
Alle: in Ewigkeit. Amen.
Alle: Vater unser im Himmel. Vater unser im Himmel.

Eine Auswahl sehr geeigneter Gebetslieder, die in der Familie, in der Schule und im Gottesdienst gesprochen und gesungen werden können, findet man in den Kindermessen (Dahner Kindermesse, Saarländer Kindermesse, Pfälzer Kindermesse, Heidelberger Kindermesse und „Laß die Kleinen singen" (Meßgesänge für das Grundschulalter, alle als Schallplatten oder MC mit Notenausgaben bei Studio Union im Lahn-Verlag, Limburg), die für den Einsatz von Orff-Instrumenten ausgerichtet sind. Einfachere Formen von Gertrud Lorenz findet man in den oben angegebenen Liederbüchern bei Kaufmann und Kösel.

* Der Schlaf ist nun zu Ende

Dank für das, was Gott schenkt. Morgenlied; Morgengebet

T : Rolf Krenzer
M: Siegfried Fietz

2. Der Vogel dort, der braune,
der zwitschert laut sein Lied.
Gleich hab' ich gute Laune
und singe fröhlich mit.
Den Morgentisch hat Mutter
mit Brot und Milch gedeckt.
Dazu Gelee und Butter.
Kein Wunder, daß mir's schmeckt.

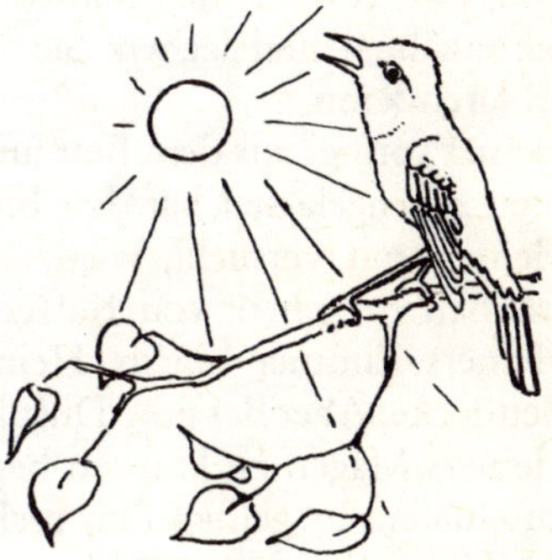

3. Die Mutter lacht vor Freude,
weil sie mich so sehr mag.
Da spür' ich, es wird heute
ein wunderschöner Tag!
Ich freue mich am Leben
und an dem Sonnenschein.
Für das, was Gott gegeben,
will ich ihm dankbar sein.

* Heiner hält Winterschlaf

Das Aufstehen fällt nicht immer leicht. Das kann zu einem Familienkrach am frühen Morgen führen. Wenn man sich lieb hat und auf den anderen eingeht, finden sich auch gute Lösungen.

Gutes Zusammenleben
in der Familie,
eingehen auf den anderen,
Verständnis für den anderen.

Als die Mutter Heiner am Morgen wecken will, grunzt Heiner nur. Die Mutter rüttelt und schüttelt ihn.
„Aufstehn!“ ruft sie. „Du Langschläfer! Alle anderen sind schon wach!“ Aber Heiner brummt nur. Er wälzt sich auf die andere Seite und knurrt: „Ich bin ein Bär und halte Winterschlaf!“
„Wenn du ein Bär bist, kann ich nichts machen!“ lacht die Mutter und läßt Heiner in Ruhe. Es ist schön, ein Bär zu sein. Es ist schön, im Bett zu liegen, wenn die anderen schon längst aufgestanden sind. Es ist schön, so richtig faul zu sein. Aber ein Bär muß seinen Winterschlaf halten, denkt Heiner und versucht, wieder einzuschlafen. Er schließt ganz fest die Augen. Da hört er die Vögel. Sie zwitschern so laut, daß Heiner nicht einschlafen kann. So springt er aus dem Bett und schließt das Fenster.
Ich bin ein Bär und halte Winterschlaf, denkt Heiner und versucht, wieder einzuschlafen.
Da scheint ihm die Sonne durch das Fenster mitten ins Gesicht.
Jetzt ist Heiner sehr böse. Er springt wieder aus dem Bett und zieht die Vorhänge vor das Fenster. Ich bin ein Bär und halte Winterschlaf, denkt Heiner und versucht, wieder einzuschlafen. Da hört er die Stimmen von Mutti und Vati, von Kristina und Sven.
Sie erzählen und lachen. Sie schwätzen so laut, daß Heiner nicht einschlafen kann.
Heiner springt aus dem Bett und knallt die Tür zu, die Mutter einen Ritz breit offengelassen hat. Ich bin ein Bär und halte Winterschlaf, denkt Heiner und versucht, wieder einzuschlafen. Da dringt der Duft von frischen Brötchen, von Kaffee und Kakao durch das Schlüsselloch in Heiners Zimmer hinein. Heiner steckt den Kopf ganz tief unter die Bettdecke. Aber der gute Duft bleibt in seiner Nase. Es riecht so gut, daß Heiners Magen zu knurren beginnt. Noch einmal versucht Heiner, einzuschlafen. Es gelingt ihm nicht.
Als Heiner gewaschen und angezogen am Frühstückstisch erscheint, fragt sein Vater: „Na, du Bär, du hältst doch deinen Winterschlaf?“ Heiner schüttelt den Kopf. „In diesem Haus kann man keinen Winterschlaf halten! Aber jetzt habe ich Hunger wie ein Bär!“

Rolf Krenzer

Aus: Rolf Krenzer: Zweiundfünfzig Sonntagsgeschichten, Reha-Verlag, Bonn-Bad Godesberg, Rechte beim Autor.

Spielvorschlag:

Im spontanen Rollenspiel können die beiden Szenen parallel nebeneinander gespielt werden. Auf der linken Seite beginnt die Mutter, den Frühstückstisch zu decken. Sie weckt die anderen, die nach und nach aufstehen. Das Waschen, Rasieren usw. kann pantomimisch angedeutet werden.
Auf der anderen Seite der Bühne liegt Heiner faul im Bett und schläft.
Als die Mutter ihn weckt, wälzt er sich auf die andere Seite und erklärt, daß er heute seinen Winterschlaf hält.
Danach setzen sich die anderen an den Kaffeetisch und lassen es sich schmecken (pantomimisch oder mit einem richtigen Frühstückstisch). Die Spieler beschreiben auch, was sie essen und trinken und wie gut es ihnen schmeckt.
Zunächst schläft Heiner während dieser Zeit. Dann beginnt ein Vogel zu pfeifen. Heiner springt ärgerlich aus dem Bett und schließt das Fenster. Der Vogel verstummt, aber jetzt muß Heiner wegen des Sonnenscheins (eventuell Taschenlampe oder Spiegel zum Blinken) blinzeln. Dann riecht er den Kaffeeduft und den Duft der frischen Brötchen. Er deutet pantomimisch an, wie schwer es ihm nach und nach fällt, noch länger im Bett zu bleiben. Schließlich springt er auf, wäscht sich und geht zum Frühstückstisch. Der Vater fragt ihn nach seinem Winterschlaf, und Heiner meint: „In diesem Haus kann man keinen Winterschlaf halten! Aber jetzt habe ich Hunger wie ein Bär!" Und natürlich haut er jetzt kräftig rein.

Weiterer Spielvorschlag:

Heiner will nicht aufstehen, weil er noch müde ist. Aber die Schule beginnt pünktlich. Wie können die aufgetretenen Probleme gelöst werden? Es gibt schlechte und gute Lösungen. Alle können im Spiel erprobt werden. Anschließend kann über die unterschiedlichen Lösungen gesprochen werden.

* Steh auf, steh auf!

Scherzhafte gereimte Drohung gegen Schlafmützen und Leute, die abends zu spät ins Bett gehen und morgens nicht aus den Federn kommen.

Obwohl der andere wenig Rücksicht auf den nimmt, der bereits den Kaffeetisch gedeckt hat, versucht er doch, ihn in liebevoll-neckischer Weise zum Aufstehen zu überreden. Möglichkeit des guten Auskommens miteinander, Verständnis für den anderen; herzliche Beziehungen innerhalb der Familie.

* Steh auf, steh auf!

T : Rolf Krenzer
M: Siegfried Fietz

2. Steh auf! Steh auf!
Ich warte so darauf!
Ich sitz' allein am Frühstückstisch
und warte lange schon auf dich.
Und sehe ich nicht dein Gesicht,
schmeckt mir der beste Kuchen nicht.

3. Steh auf! Steh auf!
Ich warte so darauf!
Du Faulpelz, auf, jetzt recke dich,
spring aus dem Bett und strecke dich,
sonst komme ich und wecke dich
mit Wasser und erschrecke dich.

** Wo sind sie?

Susanne sucht am Morgen nach den Ameisen, die sie gestern bestaunt hat. Sie findet im Garten neue Wunder der Schöpfung Gottes.

Staunen über Gottes Schöpfung; erleben und erkennen, was Gott uns jeden Tag neu schenkt.

Genesis 1,1–31

Susanne ist schon vor dem Frühstück draußen.
Sie hockt am Boden, zwischen den Wurzeln des großen Birnbaums.
Susanne wartet auf die Ameisen. Gestern abend, als es schon fast dunkel war, sind sie in einem winzigen Gang unter einem haarfeinen Würzelchen verschwunden. Susanne hat dann den Gang mit einem Blatt bedeckt.
„Du kannst sie ja morgen früh wieder rauslassen", hatte die Mutter gesagt, als ihr Susanne von den Ameisen erzählte.
Der Vater hatte laut gelacht.
„Susanne, komm zum Frühstück!"
Das Blatt ist noch da. Es liegt schräg über dem Würzelchen, der Stiel ist abgeknickt. Das war gestern abend noch nicht.
Ob jemand die Ameisen angegriffen hat?
Susanne stochert mit einem haarfeinen Splitter in dem Ameisengang herum.
Nichts. Nicht eine Ameise zeigt sich.
„Susanne, hörst du denn nicht?" Die Mutter steht jetzt am offenen Fenster und schüttelt den Kopf.
Wenn heute nacht Tiere dagewesen wären, überlegt Susanne, dann müßte man doch Spuren sehen...
Aber da sind keine Spuren. Nur der Wind macht ein bißchen Bewegung dort unten zwischen den Blättern. Die Grashalme zittern.
Susanne starrt auf den Ameisengang. Es ist doch längst Tag. Die müßten doch herauskommen! Ob sie noch einen anderen Ausgang haben?
Susanne nimmt ein Stück Rinde und gräbt zwischen den Wurzeln. Ein grüner Panzerkäfer ergreift die Flucht. Seine dünnen schwarzen Hakelfüße bleiben überall hängen. Und weil er zu schnell über ein Moospölsterchen läuft, verliert er das Gleichgewicht und kippt um auf den Rücken. Die Hakelfüßchen strampeln aufgeregt in der Luft. Das sieht komisch aus. Susanne muß lachen.
„Ja, Susanne, hörst du denn heute überhaupt nicht!?" Die Mutter schüttelt den Kopf.
Susanne hat dem grünen Panzerkäfer mit ihrem Stück Rinde wieder auf die Füße geholfen. So schnell er kann, entfernt er sich von seiner Unglücksstelle. Susanne hat die Ameisen vergessen und läuft jetzt dem Käfer nach.

Die Mutter hat das Fenster geschlossen. Sie geht jetzt in den Garten, um Susanne zu holen.
Weit hinten, zwischen den Johannisbeerstauden stapft Susanne mit großen Klumpen frischer Erde an den Füßen dem eilig fliehenden Käfer nach.

Ursula Fack

Die Nacht scheidet deutlich einen Tag vom anderen. Erlebnisse, mögen sie auch noch so intensiv gewesen sein, sind damit Vergangenheit. Auch Interessen des vergangenen Tages können am nächsten Morgen nicht mehr in gleicher Weise weiterverfolgt werden. Der neue Tag gibt neue Erlebnisse und Erfahrungen, die zwar noch mit den Erlebnissen von gestern zusammengehören können, aber andere Akzente setzen. Susanne war gestern mit den Ameisen beschäftigt. Heute findet sie, als sie erneut nach den Ameisen sucht, einen grünen Panzerkäfer, dem jetzt ihr volles Interesse gilt.
Im Vordergrund des Textes steht das Staunen über Gottes Schöpfung. Wir können all das kleine Getier benennen und aufsuchen, das wir im Garten und in unserer nächsten Umgebung finden, und immer wieder staunen, wie zierlich und fein, wie wohl durchdacht und schön auch das kleinste Lebewesen ist. Gott hat auch diese kleinen Geschöpfe uns anvertraut, daß wir in ihnen einen Teil seiner großen Schöpfung wiederfinden, daß wir sie nicht zerstören, nicht töten, sondern uns an ihnen erfreuen.
Anhand von Bildern und Bildbänden können wir die verschiedensten Insekten und Kleintiere kennenlernen und darüber staunen, wie groß ihre Zahl ist und daß alle einen Namen haben.
Unter dem Thema „Was ich mir für heute morgen vorgenommen hatte" können wir berichten, in welcher Weise der neue Tag immer wieder einen ganz neuen Anfang setzt, so daß die Gewichtigkeit einzelner Erlebnisse und Vorhaben anders wird oder unter einem anderen Aspekt gesehen werden kann.

** Schnee

In der Nacht hat es geschneit. Kinder freuen sich über den Schnee und beobachten eine Katze, die auch für sich den Schnee entdeckt.

Freude an Gottes Schöpfung. Freude über den Schnee im Winter.

Eines Morgens, im Januar, als die Kinder aus dem Fenster sahen, war die Welt über Nacht weiß geworden.

Der Rasen, die Straße, die Dächer hatten eine dicke weiße Decke, die Hydranten, Gitterpfosten und Straßenlaternen eine weiße Pelzmütze bekommen. Und immer noch schwebten dicke Flocken zur Erde. Sie tanzten und schaukelten in der Luft, als ob sie sich nicht entscheiden könnten, wo sie sich am besten hinsetzen sollten. Aufs Fenstersims? Auf die Straße? Auf den Hut eines Mannes, der gerade vorüberging? Auf einen Baum? – – –
Die Kinder beobachteten eine schwarze Katze, die sich erstaunt die weißgewordene Welt betrachtete. Überall wo sie gelaufen war, hinterließ sie in der vorher unberührten Schneedecke kleine runde Löcher. Sie roch an dem Schnee, hob die Pfoten so hoch es ging, wenn sie weiterlief, und schüttelte ihre Pfoten, um den Schnee loszuwerden.
Plötzlich richtete sie sich auf, stand auf den Hinterbeinen und begann spielerisch und graziös nach den Schneeflocken zu greifen und zu schnappen. Dabei verlor sie ihr Gleichgewicht, kippte nach hinten über und lag mit dem Rücken im Schnee.
Entsetzt sprang sie hoch in die Luft und stob wie ein schwarzer Schatten davon.
Die Kinder holten ihre Schlitten aus dem Keller und tollten voller Freude im Schnee umher.

Ursula Fack

Das hier geschilderte Erlebnis fordert dazu auf, eigene Erlebnisse mit dem Schnee am Morgen zu erzählen, aufzuschreiben oder zu zeichnen. Wir können nachahmen, wie die Katze durch den Schnee schleicht, wie wir selbst durch den Schnee stapfen.
Aber nicht jeder freut sich über den frischgefallenen Schnee, z. B. die Autofahrer oder die Menschen, die wegen der Schneeglätte leicht fallen können. Der frisch gefallene Schnee wird im Laufe des Tages zu Matsch, er fällt und rutscht von den Dächern und Zäunen herunter. So schön wie er hier am Morgen erlebt wird, bleibt er meist nicht den ganzen Tag.
Wir lassen uns erzählen, wie die Schneeflocken entstehen, und probieren, was man alles mit dem Schnee anstellen kann, z. B. einen Schneemann oder ein Schneehaus bauen, eine Schneeballschlacht machen oder mit dem Schnee kleine Wettspiele veranstalten:

Schneeballwerfen
Einer wirft einen Schneeball, so weit er kann. Nun muß jeder Mitspieler versuchen, seinen Schneeball noch weiter zu werfen. Wer am weitesten kommt, darf bei der nächsten Runde den ersten Schneeball werfen. Wer sogar den ersten Schneeball trifft, erhält eine besondere Belohnung.

Schnee-Boccia
Jeder Spieler formt drei Bälle. Ein Spieler noch einen Schneeball dazu. Nun wirft er seinen Schneeball. Anschließend hat jeder drei Würfe. Wer seinen Schneeball am nächsten an den zuerst geworfenen heranbringt, hat gewonnen und kann bei der nächsten Spielrunde den ersten Schneeball werfen.

Zielwurf
Im Schnee wird ein Kreis markiert. Jeder versucht seine Schneebälle in dieses Ziel hineinzuwerfen. Auch auf senkrechte Flächen (Wand, Zaun usw.) können Zielscheiben, aber auch lustige Figuren mit Kreide gezeichnet werden, die dann als Ziel dienen.

* Hansi im Schnee

Ein Kind freut sich lauthals über den frisch gefallenen Schnee. Die Einwände der Mutter stören es in seiner Freude wenig.

Freude über Gottes Schöpfung; Bewußtes Erleben; Spaß im Schnee.

Als Hansi am Morgen aufwacht, ist alles weiß. Die Straße, der Zaun, die Bäume und die Autos, die auf der anderen Straßenseite stehen. Herr Becker kommt aus der Haustür und sagt:
„Ach du liebe Zeit. Jetzt muß ich erst den Schnee von meinem Auto abkratzen. Ich komme sicher zu spät zur Arbeit. Ich habe doch nicht gewußt, daß es so sehr schneien würde!"
Er nimmt einen Besen und eine Schaufel. Der Schnee stibt nach allen Seiten. Herr Becker läßt den Motor an und fährt schnell los. Er kommt doch noch rechtzeitig zur Arbeit.
Inzwischen ist Hansi aufgestanden. „Du mußt dich warm anziehen", sagt die Mutter und holt seinen roten Winterpullover aus dem Schrank. Nach

dem Frühstück bringt sie Hansi in den Kindergarten. „Heute wollen wir rodeln“, sagt die Kindergärtnerin, „der Schnee ist schon ganz fest.“ Die Kinder jubeln. Sie gehen zu einem kleinen Hügel, setzen sich auf die Schlitten, geben Schwung und schon sind sie unten.
Hansi zieht den Schlitten wieder rauf. Hopp, stolpert er über eine Wurzel und plumpst in den Schnee. Die anderen Kinder lachen. Hansi rappelt sich wieder auf und stapft nach oben.
Als die Mutter ihn mittags abholt, ist er hungrig und müde.
„Morgen will ich wieder rodeln“, sagt er.
„Manche Leute ärgern sich über den Schnee…“ meint die Mutter und denkt an Vater, an Herrn Meyer und an all die vielen Erwachsenen, die heute bestimmt ganz besonders vorsichtig fahren mußten, weil die Autoreifen im Schnee leicht ins Rutschen kommen. Bestimmt sind manche auch zu spät zur Arbeit gekommen. „Ja“, lacht Hansi, „manche ärgern sich über den Schnee. Und andere freuen sich. Zum Beispiel: ich!“

Elinor Lange

Auch bereits ältere Kinder können sich mit dem kleinen Hansi und seiner spontanen und naiven Freude über den Schnee identifizieren, weil sie selbst das Spielen im Schnee seit früher Kindheit als etwas ganz besonders Schönes immer wieder erleben. Je älter aber die Leser und Zuhörer sind, umso mehr werden sie die Argumente von Hansis Mutter akzeptieren und noch weitere hinzufügen. Gespräche können verdeutlichen, daß das, was der eine schön findet, dem anderen Schwierigkeiten bereitet. Gleichzeitig aber kann die Freude am Schnee und das bewußte Erleben dieser Freude bewußt gemacht und vertieft werden, so daß der einzelne aufmerksamer die durch den Schnee veränderte nächste Umgebung wahrnimmt und sich darüber freuen kann, wie durch den Schnee die Welt ein anderes Gesicht erhält.

* Zarte leichte Vogelspuren im Schnee

Fußspuren im Schnee verraten, wer alles am Haus vorübergegangen ist. Viel wichtiger aber ist, daß die Spuren im Schnee auch etwas von der Freundschaft erzählen, die ein Kind mit einem anderen Kind hat.

Spuren im Schnee erzählen von Menschen und Tieren; Geheimnisse im Schnee entdecken; Freundschaft, Liebe zum anderen Menschen; Kontakte mit anderen können „Glück“ bedeuten.

* Zarte leichte Vogelspuren im Schnee

T : Rolf Krenzer
M: Siegfried Fietz

2. Spuren kann im Schnee man finden,
und ich finde gleich heraus,
wer ist heut vorbeigegangen
in dem Schnee vor meinem Haus.

3. Große Tritte, das war Vater.
Winzig klein, das war die Maus.
Hier ein Stapfen von dem Kater.
Das sieht wie ein Hase aus.

In „Kindermagazin: Ich und die anderen", Hirschgraben, Frankfurt am Main 1982; Textrechte beim Autor.

Man sollte Kinder nach dem Vorlesen des Gedichtes fragen, was sie am stärksten berührt, was ihnen am besten gefallen hat. Erfahrungsgemäß werden sie, nachdem sie über eigenes Spurensuchen und -erkennen im Schnee berichtet haben, herausstellen, daß eigentlich das Schönste ist, daß man sogar im Schnee erkennen kann, daß der einzelne nicht allein leben muß, sondern einen Freund oder Freunde hat,

mit denen er immer wieder zusammentrifft, mit denen er gern zusammen ist und die Teil seines Lebens sind. Ohne Freundschaft, ohne Liebe, ohne gute Kontakte mit anderen könnte keiner leben. Einer braucht den anderen.
Ein weißes Blatt Papier schmücken wir mit unserem Haus. Dann zeichnen wir die Fußspuren von den Menschen und Tieren ein, die uns besuchen.
Wir können auch Spuren von denjenigen zeichnen, von denen wir uns wünschen, daß sie uns besuchen.
Wenn wir uns selbst in den Mittelpunkt eines weißen Blattes zeichnen, können wir zeichnen und auch aufschreiben, mit wem wir heute schon in Kontakt gekommen sind, mit wem wir gesprochen haben, wem wir die Hand gegeben haben, mit wem wir gespielt haben usw. Es wird sich zeigen, daß es sehr viele Kontakte waren. Und jede Begegnung mit einem anderen Menschen birgt ein Erlebnis in sich.

Spurenraten:

Wir suchen uns einen Platz mit frischgefallenem Schnee. Ein Kind stellt sich mit geschlossenen Augen in den Kreis. Nun geht ein Mitspieler ganz nah an es heran und streicht ihm leicht über den Kopf oder über die Schulter. Dann geht es an seinen Platz zurück. Jetzt muß das Kind im Mittelpunkt die Augen öffnen und anhand der Spur raten, wer bei ihm gewesen ist. Das Spiel wird schwieriger, wenn es mehrmals gespielt wird, weil sich dann die unterschiedlichen Fußspuren nur noch schlecht auseinanderhalten lassen. Also brauchen wir wieder einen neuen Platz, um weiterzuspielen.

** Charlie

Ein kleiner Vogel wird vor der Katze gerettet. Obwohl der Kater anschließend geschimpft wird, wird doch versucht, auch dieses Tier in seiner Situation und Art zu verstehen und zu akzeptieren.

Gottes Schöpfung; Hilfe für die schwache Kreatur; Hilfe in der Not; Verständnis für die unterschiedlichen Geschöpfe Gottes.

An der Ostsee, unserer Ferienwohnung gegenüber, besitzt eine Frau einen Kater. Er ist pechschwarz und hört auf den Namen Charlie. Obgleich wir nur vier bis sechs Wochen dort unsere Ferien verbringen, sieht es so aus, als würde er uns im folgenden Jahr wiedererkennen.
Morgens, in aller Frühe, sitzt er schon draußen auf dem Fenstersims und starrt mit großen, runden, gelben Augen, wie eine Eule in unser Zimmer. Kaum öffne ich die Tür einen Spalt, um die Brötchen hereinzuholen, schon ist er auch hineingeschlüpft. Er miaut und sieht mich so eindringlich an, als ob er sprechen wolle.

Ich verstehe ihn schon. Er will gestreichelt werden und dann ein Schälchen Milch haben. Hat er seine Milch ausgeschleckt und ausgiebig mit uns geschmust, rollt er sich zufrieden auf der Couch zusammen und schläft, bis wir zum Strand aufbrechen. Kommen wir abends mit unserem Bootswagen mühsam den Berg hinaufgezogen – kommt er uns schon mit hocherhobenem Schwanz, freudig schnurrend und mauzend entgegen. Als erster drängt er sich in die Wohnung, und macht es sich bei uns bequem, bis wir ihn behutsam an die Luft setzen.
Einmal saßen wir beim Frühstück draußen auf der Terrasse. Plötzlich sah ich Charlie kommen – er hatte etwas grünlich-gelbes im Maul. Blitzschnell erkannte ich – es war ein kleiner Vogel! „Charlie!" rief ich. „Gib den Vogel her!" Ich sprang hinzu und nahm ihm den armen Vogel aus den Fängen. Erstaunlicherweise ließ er ihn sich ohne weiteres abnehmen.
Da lag der Vogel auf meiner Hand. Es war ein Grünfink.
Ich sah ihn mir genau an, konnte aber keine Verletzung feststellen. Vorsichtig strich ich mit einem Finger über seine Flügel und seine angezogenen Beinchen. Er ist tot, dachte ich. Doch plötzlich regte er sich und flog auf und davon.
Charlie sah dem Vogel gierig nach. Ich schalt ihn aus – aber böse konnte ich Charlie nicht sein. Eine Katze ist nun mal ein Raubtier. Sie kann nicht gegen ihre Natur handeln.

Ursula Fack

Die niedliche Katze, mit der man spielen kann, die sich streicheln läßt, die man lieb gewinnt, wird plötzlich in der Situation des Raubtieres erlebt. Obwohl die Geschichte einen guten Ausgang hat, wird dem Kind bewußt, daß es Tiere gibt, die andere Tiere töten, um sich zu ernähren. Gewiß wird die Katze durch die Menschen versorgt. Trotzdem bleibt sie ein Raubtier, das instinkthaft Mäuse und Vögel jagt. Leben gehört ebenso zu Gottes Schöpfung wie Tod. Und es ist Gottes Wille, daß Tiere und Pflanzen anderen zur Nahrung dienen. Gerade mit einem solchen Text kann aber auch deutlich gemacht werden, daß ein Tier ein anderes nicht aus einer Laune heraus, aus Machtgier und aus Haß tötet, sondern daß es nur tötet, weil es seine eigenen Grundbedürfnisse (in diesem Fall Stillung seines Hungers) befriedigen will. Ein einzelnes schwächeres Tier wird getötet. Aber Gott läßt so viele Tiere leben, daß dadurch die Rasse niemals ausgerottet wird.
Gott hat dem Menschen die Verantwortung über seine Schöpfung gegeben. Er fordert von ihm, daß er sich dieser Verantwortung bewußt ist und entsprechend handelt.
Bestimmt werden hier viele Fälle angeprangert werden, die aufzeigen, daß der Mensch diese Verantwortung nicht zeigt, vielmehr dabei ist, Gottes Schöpfung zu zerstören. Und das so ausgiebig, daß er am Ende selbst nicht mehr existieren kann.

Hinweise:
Geschützte Tiere, geschützte Pflanzen, Naturparks.
Sorge für ein Tier, das man als Hausgenossen aufgenommen hat.
Verantwortung für Tiere und Pflanzen.
Verantwortung für den anderen Menschen.

Aber auch die Hinweise der Kinder auf Krieg und Unterdrückung sollten aufgenommen werden. Dabei ist kein Lösungsvorschlag eines Kindes so unwichtig und unrealistisch, daß er nicht aufgenommen und diskutiert werden sollte.

* Die Schöpfungsgeschichte

Gott hat die Welt, Sonne, Mond und Sterne, alles, was atmet und lebt, geschaffen. Gott freut sich über seine Schöpfung.

Genesis 1 und 2,1–4

Gott ist der Schöpfer aller Dinge.
Zuerst schuf er Himmel und Erde, die ganze Welt.
Aber auf der Welt war es dunkel. Die Erde war von gewaltigen Wasserfluten überspült.
Da ließ Gott ein Licht aufstrahlen, so daß es hell wurde.
Und Gott trennte das Licht von der Dunkelheit.
Er nannte das Licht Tag und die Dunkelheit Nacht.
So wurde es Abend und Morgen.
So ist es bis zum heutigen Tag.

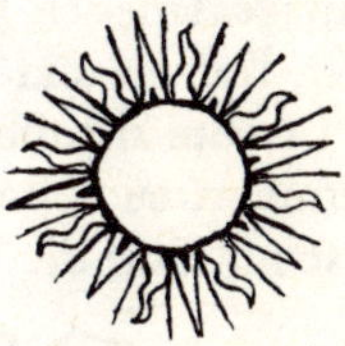

Über dem Wasser ließ Gott ein Gewölbe entstehen.
So entstand der Himmel.
Und der Himmel ist bis heute über uns.

Dann ließ Gott die Erde aus den gewaltigen Wasserfluten emporsteigen.
Er trennte das Land von dem Meer.
Dann befahl er: „Die Erde soll grün werden. Es sollen alle Arten von Pflanzen auf ihr wachsen. Sie sollen Samen und Früchte tragen!"
Da brachte die Erde Pflanzen hervor, kleine und große, Gräser, Büsche, Sträucher und große Bäume. Und Gott freute sich über das, was er erschaffen hatte.

Und bis heute wachsen Pflanzen und Bäume. Sie tragen Früchte, und ihr Samen läßt immer wieder neue Pflanzen wachsen.

Dann schuf Gott die Sterne am Himmel.
Er schuf die Sonne, die am Tag der Erde das Licht gibt.
Und er schuf den Mond, der in der Nacht am Himmel steht.
So scheint auch heute für uns am Tag die Sonne, und in der Nacht stehen Mond und Sterne am Himmel.

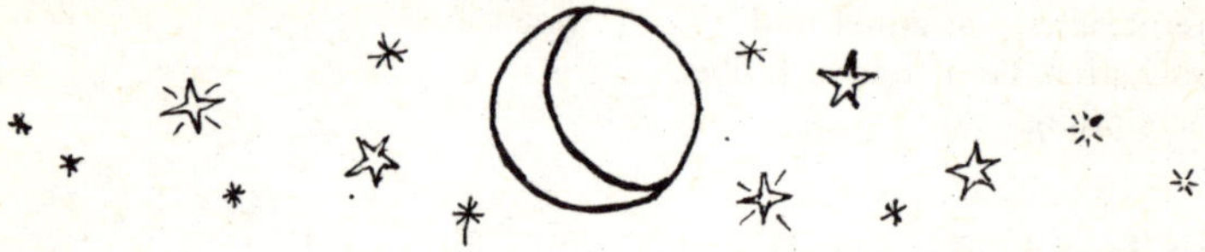

Dann ließ Gott die Tiere entstehen.
Die Fische im Meer und die Vögel in der Luft.
Und auf dem Land entstanden die Tiere, die wir alle kennen:
Winzige Käfer, Insekten, Beuteltiere und Säugetiere, große und kleine.
Winzige Ameisen, Blattläuse, Mücken und Fliegen, ebenso wie Löwen und Tiger, Katzen und Hunde, Giraffen und Elefanten.
Gott freute sich über die Tiere und segnete sie. Er sagte zu den Tieren: „Vermehrt euch im Meer und auf der Erde!"
So schuf Gott die Tiere am fünften Tag.

Dann schuf Gott den Menschen; er schuf Mann und Frau. Und Mann und Frau waren seinem Bild ähnlich.
Er segnete die Menschen und sagte: „Werdet immer mehr! Ich mache euch mächtiger als die Fische, die Vögel und anderen Tiere. Ich setze euch über sie. Aber ich vertraue sie euch auch an. Ihr tragt die Verantwortung für alle

Tiere, die ich geschaffen habe! Ich gebe euch alles, was ihr zu eurem Leben braucht. Ihr könnt die Früchte aller Pflanzen und Bäume essen! Ich sorge für die Vögel und alle Tiere, die auf dem Land leben. Sie ernähren sich von Gras und Blättern."
Alles, was Gott geschaffen hatte, war sehr gut.
Gott sah alles an und freute sich sehr.
So schuf Gott Mann und Frau am sechsten Tag.

Am siebten Tag war Gottes Schöpfung vollendet. Himmel und Erde hat er erschaffen, Land und Meer. Er gab Pflanzen und Tieren das Leben, und schließlich schuf er den Menschen und setzte ihn über seine Schöpfung. Am siebten Tag ruhte Gott von seiner Arbeit aus. Er segnete den siebten Tag, den Sonntag, und sagte: „Dieser Tag ist heilig! Dieser Tag gehört mir!"
So ist unsere Welt entstanden. Gott hat sie geschaffen. Gott ist der Schöpfer aller Dinge.

Neu erzählt von Rolf Krenzer

Gottes Schöpfung begegnen wir täglich und überall, und wir sind selbst Teil dieser Schöpfung. Wir begegnen ihr in den kleinsten und geringsten Dingen und dürfen immer wieder staunen, entdecken und ihm dankbar sein. Aber wir tragen auch Verantwortung für Gottes Schöpfung.
Berge und Meere, Flüsse und Wälder, Pflanzen, Tiere und Menschen können wir zeichnen, malen, formen, fotografieren und auf vielen Bildern wiederentdecken. Daß wir von Gott aber auch die Fürsorge für seine Schöpfung, die Verantwortung für diese Schöpfung erhalten haben, ist ebenso wichtig und wesentlich. Die Situation des heutigen Menschen in seiner Umwelt, die Begegnung des Menschen mit dem anderen, ist durch die zahllosen negativen Beispiele, Erfahrungen und Erlebnisse dem Kind bewußt. Ihm muß ebenso bewußt gemacht werden, daß Gott den Menschen zum Erhalten seiner Schöpfung eingesetzt hat und daß dies ein verantwortungsbewußtes Umgehen mit der Umwelt voraussetzt und beinhaltet, aber ebenso ein verantwortungsvolles Umgehen mit dem anderen Menschen.
Streit und Krieg, Ausbeutung und Zerstörung der Menschen, der Tiere und Pflanzen, der Erde und des Himmels sind somit völlig dem entgegengesetzt und widersprechen dem den Menschen von Gott gegebenen Auftrag. Sie sind somit gegen Gott gerichtet.
Den vielen negativen Beispielen, die von den Kindern spontan aufgezählt werden, müssen positive Ansätze, Lösungshilfen gegenübergestellt werden. So haben auch diese negativen Beispiele ihre Berechtigung, weil sie überdeutlich aufzeigen, wie der Mensch mit Gottes Schöpfung umgeht, gleichzeitig aber auch bedingen, sich mit besseren und gottgewollten Möglichkeiten auseinanderzusetzen.

** Überfluß

Das, was wir täglich haben, was uns vielleicht selbstverständlich ist, ist für andere unerreichbar. Zwei Drittel der Menschen, die auf der Welt leben, leiden Hunger.
Gott will, daß alle Menschen satt werden. Das heißt, daß wir von unserem Überfluß abgeben, daß wir teilen lernen.

Matthäus 25,34–35

Butter, Honig, Marmelade,
Gummibärchen, Schokolade,
Cornflakes, Milch und süßer Reis,
Marzipan und Himbeereis.
Ja, ich leb im Überfluß,
wenn der andre hungern muß.

Fleisch, Pommes frites und Jägersoße,
Reis mit Huhn, Fleisch aus der Dose,
Nudeln, Ketchup, Apfelbrei,
frisches Brot zum Frühstücksei.
Ja, ich leb im Überfluß,
wenn der andre hungern muß.

Äpfel, Pflaumen und Tomaten,
Kotelett, Schnitzel, Rinderbraten,
Sahne, Zucker zum Kaffee
und Zitrone in den Tee.
Ja, ich leb im Überfluß,
wenn der andre hungern muß.

Alle können besser leben,
wenn wir teilen, wenn wir geben,
daß ein jeder etwas hat,
denn dann werden alle satt.
Und es wird mein Überfluß
überflüssig dann zum Schluß.
Rolf Krenzer

(Unter dem Titel „Lied vom Überfluß“ auf der LP und MC „Ein Regenbogen bunt und schön“, Abakus-Musikverlag, Ulmtal-Allendorf und Studio Union im Lahn-Verlag, Limburg, ebenfalls mit Noten in der gleichnamigen Notenausgabe zu finden.)

Nicht allen geht es so gut, daß sie reichlich zu essen haben. Das Lied kann zunächst zum Nachdenken bringen und zum Sprechen darüber, daß vieles nicht selbstverständlich ist. Wir können aufzeigen, was wirklich zu den wichtigsten Lebensbedürfnissen gehört und was weniger wichtig, wünschenswert oder unter Umständen ganz überflüssig ist. Die Aufzählung der Nahrungsmittel stellt nur ein Beispiel dar, das durch Kleidungsstücke, Spielzeug, Materialien, Einrichtung der Wohnung usw. ergänzt werden kann.
Hinzugezogen kann auch das Lied „Vieles ist nicht selbstverständlich“ von Wolfgang Longardt (Abakus LP 90040) werden.
Eine Vertiefung bieten Fotos, Bilder und Texte, die über den Hunger in der Welt berichten.
Wir können auch all die Lebensmittel, die im Lied genannt werden, zusammentragen, um konkret zu verdeutlichen, in welchem Überfluß wir leben.
Dagegen lassen wir uns zeigen oder berichten, was Kinder in anderen ärmeren Ländern zu essen haben.
Auch Collagen von Lebensmitteln und Überflußartikeln können die Situation verdeutlichen.
Die Verdeutlichung allein aber reicht nicht aus. Wir sollten gemeinsam überlegen, was wir mit der Gruppe oder allein tun können, um zu helfen.
Es wäre gut, wenn daraus eine Aktion (Aktionen) ausgelöst würde, eine Aktion, die von Kindern überschaut und bewältigt werden kann.
Ein Beispiel von vielen möglichen:

Behinderte Kinder helfen behinderten Kindern in Peru

Dieses Motto konnte man in allen Zeitungen Dürens lesen. Die Schüler und Lehrer des Sonderschulzentrums (Christophorusschule und Cornetzhofschule) spendeten den sehr hohen Reinerlös ihres diesjährigen Sommerfestes – in der stolzen Höhe von 6 454,70 DM – für behinderte Kinder in Lima – Hauptstadt Perus.
Wie kam es dazu? Dem Sommerfest war der Besuch von Gladys Nureña León, einer peruanischen Sonderschullehrerin, vorausgegangen, der von der privaten Entwicklungshelfergruppe „SOLIDARIDAD“ vermittelt worden war. Durch ihre Berichte über die schlimme pädagogische Situation in ihrem Heimatland und einen weiteren Informationsabend für Lehrer- und Elternschaft über das Entwicklungsland Peru von Harald Schmidt-Hurtienne erwuchs aus der spontanen Idee die tatkräftige Hilfe: nämlich durch den Erlös eines großzügig angelegten Sommerfestes einen

finanziellen Beitrag zum Projekt „Ricardo Bentin-Gladys“ in Lima zu leisten.
Das Projekt! Im Stadtteil Rimac von Lima werden augenblicklich vierzig geistig behinderte Kinder unter menschenunwürdigen Bedingungen in verrotteten Kellerräumen einer Grundschule betreut. Es fehlt an ALLEM. Durch eine Gruppe peruanischer Lehrer ist nun mit der Gruppe „SOLIDARIDAD“ ein Vorhaben ausgearbeitet worden, das die Errichtung eines sonderpädagogischen Zentrums in diesem Stadtteil vorsieht. Die peruanische Regierung hat ein Grundstück von ca. 760 m² zur Verfügung gestellt, auf dem vorerst zwei Klassenräume mit einem Beratungszimmer für ärztliche und psychologische Betreuung, nebst allen Einrichtungsgegenständen, sowie methodischem und didaktischem Material und sanitären Einrichtungen erstellt werden sollen, die eine gute Momentan- und Nachbetreuung der Kinder gewährleisten soll. Die Lehrer dieser Schule werden von dem peruanischen Erziehungsministerium gestellt. Der Unterricht soll mit vier Gruppen (zwei morgens und zwei nachmittags) begonnen werden.
Innerhalb des Gesamtfinanzierungsplanes in Höhe von umgerechnet 29 000,– DM können mit dem Reinerlös des Dürener Sommerfestes das gesamte Mobiliar und die methodisch, didaktischen Hilfen besorgt werden. Die Restsumme wird von der Gruppe „SOLIDARIDAD“ getragen, die auch die Durchführung des Projektes bis zu seiner Vollendung begleitet.

Aus: Zeitschrift COLUMBUS, Reha-Verlag, Bonn-Bad Godesberg, 4/1981.

** Heute wird Ole nicht zur Schule kommen

Angst, jemanden verlieren zu müssen, den man sehr lieb hat. Begegnung mit dem Tod; der Tod in der nächsten Familie; Tod eines Menschen, mit dessen Tod keiner gerechnet hat; erst nach und nach wird der Verlust begriffen. Leben und Tod; Sorge um den Menschen, den man lieb hat; Sorge für den anderen; Gebet.

Frau Clasen geht zum Telefon und ruft die Schule an.
Sie spricht mit Frau Berger.

„Heute wird Ole nicht zur Schule kommen! Mein Mann ist heute morgen mit dem Wagen verunglückt. Ja, es sieht sehr schlimm aus!“
Sie legt den Hörer hin und weint wieder.
Ole sitzt wie versteinert am Kaffeetisch.
Auf dem Teller liegt sein angebissenes Brötchen. Der Kakao ist längst kalt geworden.
Und Mutti steht neben dem Telefon und weint.
An diesem Morgen hat ihn sein Papa noch geweckt.
Er war ganz früh in sein Schlafzimmer gekommen und hatte die Vorhänge aufgezogen und das Fenster weit geöffnet.
Ole erinnert sich an alles. Papa hat gerufen: „Sieh nur, du kleiner Faulpelz, die Sonne ist schon längst wach. Sie lacht dich aus, wenn du immer noch im Bett bleiben willst!“
Dann hatte Papa Ole einen dicken Kuß gegeben und hatte sich schnell verabschiedet.
Er hatte es eilig, denn er mußte viel früher aus dem Haus als Ole.
Ole hatte noch gehört, wie er die Treppe hinuntergelaufen und zum Auto gegangen war. Dann war Papa davongefahren.
Und dann war der Anruf gekommen.
Dieser schlimme Anruf, der in einem Moment alles verändert hat.
Auf Oles Teller liegt sein angebissenes Brötchen. Daneben steht der Becher mit dem kalten Kakao.
Ole kann nichts essen.
Er klettert auf den Schoß seiner Mutti und drückt sich ganz fest an sie.
Ob Mutti es überhaupt merkt, daß Ole so ganz nah bei ihr ist?
Sie weint und weint.
Nicht laut. Ganz leise.
Ihr ganzer Körper wird von diesem Weinen geschüttelt.
Und Ole klammert sich an seine Mutti und hat solche Angst, weil Mutti so weint.
„Muß Papa jetzt sterben?“ fragt Ole und muß auch weinen.
Seine Mutti kann keine Antwort geben. Sie kann überhaupt nicht sprechen.
Ole spürt nur, daß sie ihn ganz fest an sich drückt.
„Ich will Oma anrufen!“ sagt Mutti dann plötzlich.
Sie hebt Ole ganz vorsichtig von ihrem Schoß herunter. Dann putzt sie sich die Nase und geht zum Telefon.
„Mutti, Sven ist verunglückt!“ sagt sie, als sich die Oma meldet.
Sven. Ja, Sven heißt Oles Papa. Und Sven ist Omas Kind. So wie Ole Papas und Muttis Kind ist.
„In der Franckstraße ist es passiert. Jemand ist ihm von rechts auf sein Auto

gefahren. Da ist diese enge Seitenstraße. Jemand hat die Vorfahrt nicht beachtet. Sie haben von der Unfallstation im Krankenhaus eben angerufen. Es sieht nicht gut aus. Sie hoffen, daß Sven durchkommt.
Nein, ich darf auch jetzt nicht hinkommen ..."
Mutti kann vor Weinen nicht weitersprechen.
Sie legt den Hörer auf die Gabel.
„Oma kommt gleich!" sagt sie. Sie setzt sich an den Tisch und legt ihren Kopf auf ihre Arme auf der Tischplatte.
Ole drängt sich ganz dicht an sie heran. Er spürt, wie sehr Mutti weint.
Und er hat solche Angst.
Was ist mit Papa?
Muß Papa sterben?
Papa darf nicht sterben.
Ole hat doch nur Papa und Mutti.
Und Mutti hat nur Papa und Ole.
Und Papa war vorhin noch da. Er war gesund und hat mit Ole gelacht und Spaß gemacht.
„Mutti", weint Ole.
Und Mutti drückt ihn wieder ganz fest an sich.
„Oma wird gleich kommen", flüstert sie.

Rolf Krenzer

Die Situation, die der Text aufgreift, macht im Bereich des Erlebens deutlich, wie unvermittelt und für jeden einzelnen unverständlich der Tod eintreten kann. Hier wird eine intakte Kleinfamilie geschildert, die plötzlich vor etwas steht und etwas begreifen muß, mit dem sie in keiner Weise gerechnet hat.
Der Text ist deshalb so eindrucksvoll und erlebnishaft, weil er keine konstruierte Geschichte mit möglichen weniger erschreckenden Lösungen aufzeigt. So, wie es hier geschildert wird, ist es geschehen. So kann es geschehen. So kann auch ein Kind mit der Möglichkeit des Todes konfrontiert werden.
Aber gerade weil dieser Text keine Patentlösungen anbietet und auch nicht Tod und Sterben auf fernerstehende Personen oder Tiere (Tod einer Tante, Tod einer Nachbarin, eines Onkels, eines geliebten Hundes usw.) ableitet, kann er nicht ohne sorgfältig vorbereitetes weiterführendes Gespräch allein bestehen.
Als wir den Text einer Kindergruppe vorstellten, wurde von allen Kindern zunächst die Möglichkeit des doch Wieder-gesund-Werdens aufgenommen. Der Wunsch, daß es mit Oles Vater (sie identifizierten sich sogleich mit Ole) doch nicht so schlimm sei, daß es einen guten Arzt geben müsse, daß man ihm bestimmt im Krankenhaus helfen werde, stand lange Zeit im Vordergrund des sehr engagiert geführten Gespräches.

Es wurden dann Erinnerungen laut, wie man selbst in Situationen der eigenen Not Trost erfahren hatte, wie man versucht hatte, andere zu trösten. Immer wieder aber waren die Kinder nicht bereit, den Tod so hinzunehmen, wie er ja auch im Text herausgelesen werden kann.
Je nach Möglichkeit der Gruppe sollte hier der Erzieher entscheiden, ob er sich den Vorschlägen für die baldige Gesundung des Vaters anschließt, ob er gemeinsam mit den Kindern die Geschichte weitergestaltet. Hierbei spielt gewiß eine wichtige Rolle, aufzuzeigen, in welcher Weise Ole, seine Mutter, seine Großmutter und der Vater selbst Trost erfahren können und auch, wie jeder einzelne sich der neuen Situation (Vater im Krankenhaus, später wieder zu Hause) stellen kann.
Es muß gerade bei diesem Text ganz besonders darauf verwiesen werden, daß hier von dem Erzieher eine im Interesse jedes Kindes der Gruppe notwendige Behutsamkeit verlangt wird. Sollte kein Kind der Gruppe mit der Situation des tatsächlichen Todes von Oles Vater konfrontiert werden können, so ist es hier richtig, diesen Wunsch nach dem guten Ausgang der Geschichte zu respektieren.
Es könnten dann folgende Aspekte in den Vordergrund treten:

- Was kann Oles Mutti jetzt für den Papa tun?
  (bei seiner Arbeitsstelle Bescheid sagen, Sachen für das Krankenhaus vorbereiten und hinbringen, den Vater besuchen, ihn trösten...)
- Was kann die Oma tun?
- Was kann Ole selbst für den Vater tun? Wie ist das mit seiner Mutter? Braucht sie jetzt auch seine besondere Hilfe?
- Man kann Gott seinen Kummer berichten. Ole kann für seinen Vater beten (Fürbitte), alle, die seinen Vater lieb haben, dürfen sich an Gott im Gebet wenden; Gott gibt allen, die von des Vaters Unfall betroffen sind, Trost und Hilfe.

In einer Gruppe, in der ich die Geschichte vorstellte, war ein Kind, daß im nächsten Verwandtenkreis einen so plötzlich eingetretenen Tod erlebt hatte. Es berichtete spontan, wie schlimm es bei seinem Onkel und dessen Kindern war und immer noch ist, weil die Tante an einer heimtückischen Krankheit gestorben war. Es berichtete auch, was seine eigenen Eltern unternommen hatten, um Hilfe und Trost zu geben.
Gerade aus diesen spontanen Äußerungen entwickelte sich ein Gespräch, in dem es gelang, anzusprechen, was für jeden einzelnen Trauern und Trösten bedeutet, daß man jederzeit und gerade dann mit Gott sprechen darf und Hilfe und Trost erfährt.
So ergibt sich die Frage: Wie kann es weitergehn, wenn Oles Vater nicht mehr nach Hause kommt? Wie können sich die Mutter, die Oma und Ole einander helfen?
Wo können sie Hilfe erfahren?
Gott schenkt jedem einzelnen Menschen sein Leben. Er schickt ihm auch seinen Tod.
Er schenkt denen aber auch Trost und Hilfe, die einen Menschen verloren haben, den sie sehr liebten.

Gott selbst weiß wie jeder Trauernde, was Tod ist. Sein einziger Sohn hat diesen Tod erlitten. Aber Jesus hat diesen Tod überwunden. Er ist vom Tod auferstanden. Und die Beerdigung des toten Menschen auf dem Friedhof ist nicht das Ende. Nicht ohne Grund findet man auf vielen Gräbern das Kreuz, das Jesu Tod und Auferstehung meint.
Ein solcher Text wie der hier angebotene bedarf der besonderen Einfühlsamkeit desjenigen, der ihn vorstellt und interpretiert. Ein Gespräch, in dem gewisse Lernziele abgehakt werden können, darf hier nicht erfolgen. Vielmehr muß auf die Situation des einzelnen Kindes und der Gruppe ganz besonders behutsam eingegangen werden. Erfahrungsgemäß werden Kinder auch später noch in Einzelgesprächen oder in der Gruppe wieder auf die im Text geschilderte Situation zurückkommen. Hier muß der Erzieher mit seiner ehrlichen Antwort bereitstehen und Fragen beantworten, die er aus seiner eigenen Situation und seinem eigenen Glauben im Vertrauen auf Gottes Hilfe beantworten kann.

Mögliche weitere Hilfen, Texte und Materialien:

Becker/Niggemeyer: Ich will etwas vom Tod wissen, Otto Maier, Ravensburg.
Kommt alle und seid froh (Arbeitsbuch für den Anfang im Religionsunterricht), Seite 44–45 und Seite 24–28, hierzu auch Lehrerbegleitheft, Hirschgraben-Verlag, Frankfurt/M.
Marguerita Rudolf: Wie ist das, wenn man tot ist?, – Mit Kindern über das Sterben reden –, Otto Maier, Ravensburg.
Meine Oma ist gestorben, in: Rolf Krenzer, Heute scheint die Sonne. 1978 © Georg Bitter Verlag, Recklinghausen.

*** Andreas

Andreas hat Schwierigkeiten.
Er und seine Eltern müssen
sich darum bemühen, den Weg
zueinander zu finden.

Miteinander leben; Verantwortung für den anderen Menschen; Verantwortung der Eltern für ihr Kind; gegenseitiges Vertrauen; Liebe.
4.–10. Gebot

Wenn Andreas neue Schuhe braucht,
dann sagt er: Ich brauche Schuhe.
Wenn Andreas Geld braucht,
dann sagt er: Ich brauche Geld.
Wenn Andreas Hefte für die Schule braucht,
dann sagt er: Ich brauche Hefte.
Wenn in der Schule eine Klassenarbeit geschrieben wird,
dann sagt er nichts.

Wenn Andreas die Klassenarbeit mit einer schlechten Note
zurückbekommt,
dann sagt er nichts.
Wenn Andreas gefragt wird: Wie geht es in der Schule?,
dann sagt er: Gut!
Sonst nichts.
Als die Eltern sein schlechtes Zeugnis sehen,
fragen sie: Warum hast du uns niemals etwas gesagt?
Ich hatte Angst! sagt Andreas.
Warum? fragen die Eltern.
Da gibt Andreas keine Antwort.
Willst du uns jetzt immer alles sagen?
dringen die Eltern auf Andreas ein.
Sie bedrängen ihn so lange, bis er JA sagt.
Sonst nichts.

Aus: Rolf Krenzer, Nur weil ich fünf Minuten zu langsam denke.

Zum menschlichen Leben gehört lebensnotwendig die Gemeinschaft mit anderen.
Bereits das Alte Testament verdeutlicht dies in der Schöpfungsgeschichte.
Der Mensch wird als Mann und Frau geschaffen. Diese menschliche Gemeinschaft wird durch die Gemeinschaft mit Gott ergänzt: Dieser redet ihn an, beauftragt ihn, zieht ihn zur Verantwortung.
Menschen sind jedoch in sehr unterschiedliche soziale Beziehungen hineingestellt. Sie enthalten Möglichkeiten der Erfüllung menschlichen Lebens, aber auch zahlreiche Konflikte. Welche Bedeutung diesem sozialen Umfeld zukommt, zeigen auch die Gebote. Sieben von zehn Geboten (4.–10. Gebot) befassen sich mit diesem Bereich menschlichen Lebens.
Und Jesus faßt die zehn Gebote in dem Doppelgebot der Liebe zusammen: Gott lieben und den anderen wie sich selbst. Dieses doppelte Gebot muß jedoch immer wieder von jedem neu konkretisiert werden, aber stets in derselben Richtung: Sich selbst bejahen, andere bejahen, Gott bejahen.
Fällt hier ein Glied heraus, dann hat dies Auswirkungen auf die anderen Glieder; die dort geforderte Bejahung kann nicht mehr echt und lebendig sein. Verstärkt wird diese Verantwortung für andere und auch für einen selbst dadurch, daß nach Jesu Worten er selbst im allergeringsten anderen einem begegnet. Der hier angebotene Text (und auch viele andere dieser Sammlung) kann dazu beitragen, daß Kinder mit ihren zahlreichen Konflikten bei bestehenden Bindungen (Eltern, Ältere, Erwachsene) ernst genommen und ihnen Hilfen gegeben werden, diese Konflikte zu lösen oder zu ertragen und neue Bindungen zu versuchen.

Möglichkeiten des Gesprächsanstoßes:

Wie ist es dazu gekommen, daß Andreas so ist?
Was erwarten seine Eltern von Andreas?
Was erwartet Andreas von seinen Eltern?
Wie kann ein Morgen für Andreas aussehen?
Wie könnte ein „guter" Morgen für ihn aussehen?
Wie kann es weitergehen? (Negative und positive Lösungsmöglichkeiten gegenüberstellen, vergleichen, werten.)

*** Ein Gastarbeiter schreibt an seine Kinder

Ein Gastarbeiter schildert seinen Kindern, was er in Deutschland erlebt.

Beziehung Eltern – Kinder; Verantwortung für den anderen; fremde Menschen, die unsere Nachbarn, unsere Nächsten sein können. Bergpredigt.

Lieber Pedro, lieber Pablo!
Hier leben die Leute fein!
Uns steckt man zu zwölft in ein Zimmer hinein.
Muß froh sein, daß ich so untergekommen.
Ausländer werden nicht gern genommen.
Sie stinken nach Knoblauch.
Das schadet dem Haus.
Schnell ziehen die anderen Mieter aus.

Ich fühle mich fremd und bin oft allein.
Am Abend träume ich, bei Euch zu sein.
Helft Eurer Mama, Ihr seid ja schon groß!
Mich wären sie hier gar zu gern wieder los.
Bitte, ich bleibe ja nur bis zum Winter.
Und ich brauch die Pesetas für meine Kinder.
Und ich schreib ihnen, ist mir's auch anders zumut...
In Deutschland ist's schön,
und dem Papa geht's gut!

Rolf Krenzer

Aus: Kindermagazin: Meine Familie – Deine Familie, Hirschgraben-Verlag, Frankfurt am Main 1982.

Exemplarisch wird an der hier geschilderten Familienstruktur aufgezeigt, daß ganz verschiedene, außerordentlich schwere Probleme von Eltern und Kindern zu bewältigen sind. Ein spanischer Gastarbeiter lebt in Deutschland, getrennt von seiner Familie. Nur durch Briefe und vielleicht durch Telefonanrufe kann er die Verbindung mit seiner Frau und den Kindern aufrechterhalten. Mit diesem Text wird die Gastarbeiterproblematik nur angedeutet und bedarf deshalb weiterer aktueller Aufarbeitung, z. B. in Form von Informationen aus den verschiedenen Medien. Der Text zeigt durch die negative Schilderung der Situation dieses Gastarbeiters deutlich auf, wo Möglichkeiten gegeben sind, diese Situation positiv zu verändern. Es wird eine fremde Familie mit ihren Problemen geschildert. Und trotzdem gehört dieser Mensch, der seinen Brief an die Kinder schreibt, zu denen, die mir täglich begegnen, die vielleicht in meiner nächsten Nachbarschaft wohnen.
Es sollte darüber diskutiert werden, ob die Vorwürfe, die in dem Brief zum Ausdruck kommen, gerechtfertigt sind, ob es bessere Situationen gibt, wie die Situation eines Kindes aus einer Gastarbeiterfamilie aus der eigenen Erfahrung aussieht.

*** Jesus in Guatemala

Authentisches Erlebnis einer Begegnung mit einem Indiojungen. Angst, Hunger und Gewalt sind bereits Teil seines jungen Lebens.

Verantwortung für den anderen Menschen; Liebe zum anderen Menschen. Gottes Gebote.

Gibt es Jesus in Guatemala? Ja, es gibt ihn dort wirklich.
Er ist fast zehn Jahre alt,
und seine Eltern haben ihm den Namen Jesus gegeben.
Und sein Vater heißt Josef.
Nein, das ist nicht wahr.
Sein Vater *hieß* Josef.

Ich traf Jesus in einer Schule in einem Indiodorf.
Wie das Dorf heißt, kann ich nicht sagen.
Ich *will* es auch nicht sagen. Es könnte Jesus schaden.
Das Dorf liegt an einem wunderschönen See in Guatemala. Und das ist in Mittelamerika. In Guatemala kämpfen die Reichen gegen die Armen.
Es ist wie im Krieg.
Aber die Reichen haben alles, und die Armen haben nichts.
Die Reichen haben so viel, daß sie dicke Mauern mit Stacheldrahtzäunen um ihre Häuser gebaut haben. Auf den Mauern sind zusätzlich noch

scharfe Glasscherben und Splitter eingelassen, damit niemand darüberklettern kann. So schützen sie sich vor denen, die nichts haben. Sie stellen sogar Wachposten mit geladenen Gewehren vor ihren Häusern auf.
Jesus hat nichts.
Die Hütte, in der er mit seinen Geschwistern und der Mutter lebt, ist winzig und arm. Jesus schläft auf dem Boden. Aber er ist froh, daß er überhaupt eine Hütte hat.
Jesus hat oft Hunger, großen Hunger.
In der Schule gibt es manchmal etwas zu essen.
Jesus hat keinen Schulranzen. Er trägt sein Heft und einen Stift in einer alten Tasche, die seine Mutter einmal gewebt hat. In der Tasche ist auch immer ein Becher für den Brei aus braunen Bohnen, für die kräftige Brühe, die es manchmal in der Schule gibt.
Viele Indiokinder in Guatemala sind schon vor Hunger gestorben.
Sie sind verhungert, weil ihre Eltern ihnen nichts zu essen geben konnten.
Wenn fremde Besucher in das Indiodorf kommen, laufen Jesus und seine Freunde sogleich zu ihnen. Sie laufen bis zu dem wackligen Landungssteg, an dem das kleine Boot mit den Besuchern landet. Sie laufen sogar aus der Schule davon, wenn es sich herumspricht, daß ein Boot mit Touristen über den See kommt.
Sie laufen hinter den Fremden her und bieten ihnen das an, was sie gebastelt und gewebt haben: Bunte Ketten aus Kaffeebohnen, Spielzeug, Teppiche, Blusen und Kleider, Taschen und Schals.
Sachen, die in den Butiken und Geschäften in Deutschland viel Geld kosten, verkaufen sie so billig, daß die Fremden nur noch staunen.
Zehn Ketten aus bunt angemalten Kaffeebohnen kosten einen Dollar. Das ist etwas mehr als zwei Mark. Fünf aus Jade gearbeitete kleine Spieltiere kosten auch nicht viel mehr.
Aber wenn es ihnen gelingt, etwas zu verkaufen, dann können sie etwas für sich selbst zu essen kaufen. Wenn man etwas Geld hat, braucht man an diesem Tag nicht zu hungern.
Die Fremden werden von allen Seiten von den Kindern bedrängt. Sie handeln mit den Kindern. Es ist alles so billig, aber sie wollen noch weniger dafür bezahlen. Und die Kinder verlangen noch weniger Geld. Mit weniger Geld kann man weniger zu essen kaufen. Aber weniger Essen ist mehr als gar kein Essen.
Auch die Mütter betteln die Touristen an. Sie tragen ihre Babys auf den Armen. Die Frauen und Kinder betteln: „Bitte macht ein Foto von uns! Es kostet nur einen Dollar!"
Und die Fremden ziehen die Fotoapparate und knipsen die Frauen und die Kinder für ihr Fotoalbum. Sie knipsen für einen Dollar.

Ein Dollar!
Dafür können alle wieder einmal satt werden: Jesus und Manuela, das Baby und die Mutter.
In der letzten Zeit kommen die Touristen kaum noch in das Indiodorf. Es sind nur noch wenige, die nach Guatemala kommen. Guatemala ist ein Land geworden, in dem sich die Touristen nicht mehr sicher fühlen. Die Hotels stehen leer. Die Hotels, die auf der anderen Seite des Sees für die Touristen gebaut wurden, sind nicht fertig geworden. Die Handwerker haben die Arbeit eingestellt, weil die längst fertigen Hotels schon leerstehen. So werden sie zu Ruinen, bevor sie überhaupt fertig gebaut sind.
Nein, die Touristen kommen nur noch selten in das Indiodorf.
Nur die Soldaten kommen.
Sie kommen in der Nacht und holen die Männer aus den armseligen Hütten heraus. Sie befürchten, daß sich die Indios mit den Aufständischen im Land zusammentun. So kommen sie in das Dorf, zerren wahllos einen Mann aus einer Hütte heraus, stellen ihn an die Wand und schießen. Sie wollen den Indios Angst einjagen. Niemand soll wagen, sich mit den Aufständischen zu verbünden.
Gestern waren sie wieder hier.
Gestern haben sie Jesus' Vater aus der Hütte gezerrt.
Er konnte sich nicht wehren.
Gestern nacht haben sie Josef erschossen.
Er hat nichts getan.
Sie haben nicht gefragt.
Ja, Jesus heißt der Junge. Er ist fast zehn Jahre alt, und ich habe ihn in einem Indiodorf in Guatemala getroffen.
Sein Vater hieß Josef.
Das hat mir seine Lehrerin erzählt. Und die Lehrerin hat geweint.

Rolf Krenzer

Soll man Kinder mit einem solchen Text konfrontieren, der für gleichaltrige Kinder in einem anderen Land der Erde grauenvolle Realität ist?
Je früher Menschen Informationen erhalten, je früher sie zum Nachdenken gebracht werden, umso vorurteilsloser oder vorurteilsbewußter werden sie zum Handeln angeregt werden können. Wenn Kinder ernst genommen werden, dann müssen sie auch das Wort des Papstes verstehen lernen, das sich auf alle Christen bezieht: „Unser Christsein erlaubt uns nicht, gleichgültig zu sein und uns zu weigern, ungerechte soziale oder internationale Situationen zu sehen. Was das Christsein uns verbietet, ist Lösungen für diese Situation auf dem Wege des Hasses, durch die Ermordung schutzloser Menschen oder durch terroristische Methoden zu suchen."

Begegnungen, wie die hier geschilderte, gehören nicht mehr zur schrecklichen Ausnahme. So schildert der Präsident des Diakonischen Werkes (Stuttgart), Prof. Dr. Theodor Schober, das, was er jetzt bei einer Reise nach Zentralamerika erlebt und erfahren hat:

In einer einzigen Diözese, im Süden Mexikos, wurden in den vergangenen Wochen über 23 000 Flüchtlinge aus Guatemala registriert, vom Säugling bis zur 90jährigen Großmutter. Bei Nacht kamen sie, oft tagelang ohne Verpflegung und in Todesgefahr unterwegs, über die Grenze. Jetzt versuchen sie auf Feldern zu kampieren, unter Büschen, an Bächen. Wer Glück hat, findet Aufnahme in einem mexikanischen Dorf. Unvergeßlich der mondhelle Abend in einem solchen Dorf, wohin wir Mais und Zucker gebracht hatten. Denn seit vier Tagen – so hatten wir gehört – seien dort wieder Flüchtlinge angekommen.
Der Dorfälteste berichtet: „Wir sind 120 Familien. In diesen Nächten kamen 1 600 Flüchtlinge in unser Dorf. Wir haben beraten, was zu tun sei. Aber wir sind doch Christen, und es kann uns genauso gehen. Darum haben wir sie aufgenommen und teilen mit ihnen unseren letzten Maisvorrat." Das nächtliche Gespräch in einer Hütte: Eine Frau berichtet, daß man ihren Mann und ihre zwei Söhne erschlagen habe. Was ihr selber widerfahren war, verschweigt sie. Aber aus ihrem Gesicht starrt Verzweiflung, Bitterkeit und tiefe Enttäuschung.
Solche Begegnungen folgten in Guatemala auf Schritt und Tritt. Zwar ist die Hauptstadt, vor Monaten noch lebensgefährliches Kampfgebiet mit täglichen und nächtlichen Ermordungen, heute ruhig und scheinbar friedlich. Um so mehr hat sich der Terror auf die Dörfer verlagert. Das sind keine Greuelmärchen kommunistischer Propagandisten, sondern Feststellungen neutraler Beobachter. So stellt die interamerikanische Menschenrechtskommission fest: „Die allgemeine Gewalt, die in Guatemala herrscht, hat bewirkt, daß die Rechte auf persönliche Freiheit, auf Sicherheit und Integrität, auf Gerechtigkeit und eine reguläre Gerichtsverhandlung, auf Gewissensfreiheit und freie Religionsausübung, auf die Gedanken- und Meinungsfreiheit, auf Versammlungs- und Organisationsfreiheit sowie die politischen Rechte in der Realität schwer verletzt und beschränkt sind, obwohl sie von der guatemaltekischen Verfassung und den Gesetzen formal anerkannt werden. In der großen Mehrzahl dieser Fälle sind die durch diese Gewalt verursachten Todesfälle den illegalen Exekutionen und der Methode des Verschwinden-Lassens zuzuschreiben, die von den Sicherheitskräften oder von zivilen paramilitärischen Gruppen (die in enger Zusammenarbeit mit den Regierungsbehörden gehandelt haben,

ohne daß diese Behörden eine angemessene und effiziente Untersuchung dieser Verbrechen vorgenommen hätten) praktiziert werden."

Und das sind Fakten:

☐ In Guatemala sterben pro Jahr acht von 100 Kindern an Unterernährung, bevor sie ein Jahr alt werden.
☐ Von 100 Arbeitern sind 24 arbeitslos, und weitere 20 können nur überleben, indem sie Zeitungen verkaufen, Schuhe putzen oder in anderer Weise unterbeschäftigt sind.
☐ 1,5 Millionen der sieben Millionen Einwohner haben keine Wohnung.
☐ Auf dem Land gibt es für über 800 000 Kinder keine Schule, obwohl es im ganzen Land 30 000 Lehrer ohne Arbeit gibt.
☐ 18 Prozent der Bevölkerung besitzt das ganze Land; 80 Prozent vegetieren unter dem Existenzminimum.

Alles zitiert aus: Deutsches Allgemeines Sonntagsblatt, Hamburg, Nr. 36/82, S. 16.

Ein solcher Text bedarf der Hilfe des Erwachsenen. Er macht auch Kindern deutlich, wie zwingend notwendig die Misereor-Aktionen oder „Brot für die Welt" geworden sind, daß aber auch sie nicht mehr als einen Tropfen auf den heißen Stein sind und daß von uns mehr und viel weitgreifendere Opfer verlangt werden müssen, wenn wir uns noch Christen nennen wollen. Der Text stellt nur ein Beispiel dar, das durch Berichte in den verschiedenen Medien erweitert und ergänzt werden sollte. In Kindern zugänglichen Liedern wird auch darüber in den „Biblischen Spielliedern zum Misereor-Hungertuch aus Haiti" berichtet (LP, MC und Liedheft bei Misereor, Aachen, und Impulse-Musikverlag, Natorp 2, 4406 Drensteinfurt).

Impulse zum Gespräch:

Wie sieht der Morgen, der Tag des Indiojungen aus?
Vergleiche ihn mit Kindern in anderen Ländern, mit Kindern, die du kennst, mit deinem eigenen Tageslauf.

*** Jedem gibst du deine Hände

Jeder Mensch erwacht am Morgen mit einem anderen Schicksal. Zusammenstellung ganz unterschiedlicher Lebenssituationen.

Gott fordert jeden von uns zum Handeln auf; Nächstenliebe, Verantwortung für den anderen Menschen; Wer ist mein Nächster? Was kann ich tun?

Jedem gibst du deine Hände,
daß er Leid uns Böses wende.
Unsre Hände, stark und groß,
liegen sie nicht nur im Schoß?
Hilf, daß sie nicht länger ruhn!
Laß uns endlich etwas tun
gegen Angst, gegen Leid,
dann ist endlich gute Zeit!

Keine Zeit! Die Autos rasen
durch die Stadt auf allen Straßen.
Weil ein Kind nicht aufgepaßt,
hat ein Auto es erfaßt.
Viele Leute stehn herum.
Und die Mutter schreit: „Warum?"
So viel Angst. So viel Leid.
Und es herrscht die böse Zeit.

Schaut, ein Kind ist vor uns allen
mit dem Fahrrad hingefallen.
Jeder schaut von ferne zu,
aber keiner hilft im Nu.
Unsre Hilfe kommt zu spät,
wenn es endlich wieder steht.
So viel Angst. So viel Leid.
Und es herrscht die böse Zeit.

Jeden Tag im Bett zu liegen,
das ist wirklich kein Vergnügen.
Dieses Kind im Krankenhaus
hält das schon zwölf Wochen aus.
Rundum Gips. Es weint nur stumm
und kommt fast vor Heimweh um.
So viel Angst. So viel Leid.
Und es herrscht die böse Zeit.

Wenn die andern fröhlich lachen
und gemeinsam Streiche machen,
spielt ein Kind allein zu Haus.
Niemand holt es dort heraus.
Weil das Kind behindert ist,

kommt es, daß man es vergißt.
So viel Angst. So viel Leid.
Und es herrscht die böse Zeit.

Kinder, die man gar nicht wollte,
niemals sie nach Hause holte,
müssen in dem Heim stets sein,
fühlen sich so oft allein.
Ausgestoßen. Ausgesetzt.
Und für alle Zeit verletzt.
So viel Angst. So viel Leid.
Und es herrscht die böse Zeit.

Weinen, Schreien, leises Klagen.
Wieder wird ein Kind geschlagen.
Und sein Vater schlägt drauflos.
Seine Macht ist riesengroß.
Wer erfährt schon, wie es schreit?
Und wen kümmert dieses Leid?
So viel Angst. So viel Leid.
Und es herrscht die böse Zeit.

Angst und Druck und schlechte Noten
sind bis heute nicht verboten.
Macht schafft Angst,
und Angst schafft Macht.
Deshalb wird kaum noch gelacht.
In der Schule fängt es an:
Angst und Leid nach Stundenplan.
So viel Angst. So viel Leid.
Und es herrscht die böse Zeit.

Krumme Schultern, weiße Haare.
Dieser Mensch zählt achtzig Jahre.
Steht allein jetzt in der Welt.
Keiner mehr, der zu ihm hält.
Nur ein Gruß braucht es zu sein,
und er wär' nicht so allein.
So viel Angst. So viel Leid.
Und es herrscht die böse Zeit.

Von der satten Welt vergessen
hat die Mutter nichts zu essen
für ihr Kind, das Hunger hat.
Beide werden niemals satt.
Gibt es morgen Reis und Brot
oder wartet schon der Tod?
So viel Angst. So viel Leid.
Und es herrscht die böse Zeit.

Wenn die Bomben explodieren,
Todesschüsse detonieren,
ist die Welt so leer und kalt.
Krieg macht nicht vor Kindern halt.
Nach der Mutter weint ein Kind,
dort, wo jetzt die Panzer sind.
So viel Angst. So viel Leid.
Und es herrscht die böse Zeit.

Weil die Menschen Menschen hassen,
müssen sie ihr Land verlassen,
flüchten vor dem Tod auf's Meer,
geben alles dafür her.
Heimatlos und hoffnungslos
treibt im Meer ein kleines Floß.
So viel Angst. So viel Leid.
Und es herrscht die böse Zeit.

Jedem gibst du deine Hände,
daß er Leid uns Böses wende.
Unsre Hände, stark und groß,
liegen sie nicht nur im Schoß?
Hilf, daß sie nicht länger ruhn!
Laß uns endlich etwas tun
gegen Angst, gegen Leid,
dann ist endlich gute Zeit!

Rolf Krenzer

Der gesamte Text kann dann, wenn er mit der Gruppe erarbeitet werden soll, nur in einer Auswahl angeboten werden. Es empfiehlt sich auch, ihn zu vervielfältigen und jedem Kind in die Hand zu geben. Wichtig ist, daß der Vers „Jedem gibst du deine Hände" am Anfang und am Schluß erscheint.
Bei der Erarbeitung der einzelnen im Text geschilderten Szenen muß auch deutlich werden, daß der gesamte Text ein Gebet darstellt, in dem wir uns in unserer Hilflosigkeit an Gott wenden und bitten, daß er uns Schwache stark werden läßt, um in seinem Namen gegen Not und Leid und für den Bruder eintreten zu können.

Der Text stellt gleichaltrige Kinder in unterschiedlichen und bedrückenden Situationen vor:
Kind im Verkehr / Verkehrsfeindlichkeit – Kinderfeindlichkeit der Erwachsenen. Hinweis auf fehlende Spielmöglichkeiten, Wohnmöglichkeiten

Kinder werden geschlagen / Ausgeliefertsein des Schwächeren; Kindesmißhandlung

Kind erleidet einen Unfall / Neugier der Umstehenden, aber keine Hilfe. Wie ist das auf der Autobahn mit den „Schaulustigen" – Meldungen im Verkehrsfunk

Kind im Schulstreß / Was kann man gemeinsam anders, besser machen?

Krankes Kind / Möglichkeiten finden, die seine Situation erleichtern.

Situation des alten Menschen / Alte Menschen in meiner Familie, alte Menschen, die ich kenne. Was kann ich für sie tun?

Behindertes Kind / Isolierungssituation; Möglichkeiten der Integration

Hungerndes Kind / Mögliche und von Kindern zu verwirklichende Hilfen diskutieren und praktizieren

Heimkind / Ergänzungstexte in Härtling: Das war der Hirbel, Beltz, Weinheim, oder Krenzer: Und darum muß ich für dich sprechen, Bitter, Recklinghausen.

Kind im Krieg / Gespräche über die Friedensbewegung; Lieder gegen den Krieg, z. B. LP „Ich hasse den Krieg" (Impulse-Musikverlag, Natorp 2, 4406 Drensteinfurt).

Boat-People / Menschen flüchten; Gründe einer solchen Flucht; Chancen einer solchen Flucht. Kinder, die mit dem Boot flüchteten, leben auch bei uns. Lied „Chanson für Brigitte" auf der LP „Biblische Spiellieder zum Hungertuch aus Haiti", Misereor Aachen, Impulse-Musikverlag, Drensteinfurt.

Das Lied ist mit der Melodie von Ludger Edelkötter auch auf der LP und MC „Biblische Spiellieder zum Misereor-Hungertuch aus Haiti", s. o., erschienen.

Die zwölf Verse könnten für einen Kinderkreuzweg verwandt werden. Dieser Kinderkreuzweg sollte je nach dem Auffassungs- und Identifizierungsvermögen der angesprochenen Kindergruppen auswahlweise angeboten werden.
Jüngere Kinder werden sich erfahrungsgemäß stärker für die ersten Strophen des

Liedes interessieren, weil sie diese Betroffenheit selbst nachempfinden können, gehören diese Stationen in der Regel doch zu ihrem nächsten Umwelts- und Erfahrungsbereich.

Die letzte Strophe kann auch von ihnen verstanden und aufgenommen werden. Die einzelnen Stationen können als Wandbilder von einzelnen oder innerhalb einer Gemeinschaftsarbeit gestaltet werden. Wenn sie rundum an den Wänden im Gottesdienstraum aufgehängt werden, kann ein Kind bei der entsprechenden Strophe zu dem jeweiligen Bild gehen und darauf zeigen.
Im abgedunkelten Raum kann das jeweilige Bild auch durch einen Scheinwerfer herausgestellt werden.
Eine weitere Möglichkeit besteht darin, von den Kinderzeichnungen oder Collagen oder Montagen Dias anzufertigen und diese entsprechend einzusetzen. Die Kinder können auch auf Glasdias mit Spezialstiften direkt die einzelnen Szenen aufzeichnen.
Wenn alle Bilder aufgehängt werden, können die Kinder auch in einer Prozession an den Bildern vorbeigehen und zu jeder Strophe an der entsprechenden Station anhalten.
Einzelne Szenen können auch in der Form einer Pantomime gestaltet werden. Optimale Möglichkeiten bietet ein Menschenschattenspiel: Vor einer Lichtquelle wird eine Leinwand aufgehängt, die bis zum Boden reicht. Jeweils zu der entsprechenden Strophe wird die Szene aufgebaut, daß sie im Schattenriß von vorn zu sehen ist. Je näher einzelne an die Lichtquelle gehen, umso größer erscheint ihr Umriß.
Der Vater mit erhobener Hand kann im Hintergrund stehen, wird also im Schattenriß viel größer als das Kind, daß in gebückter, verzweifelter Haltung im Vordergrund ganz nahe an der Leinwand steht. Pappanzer im Hintergrund werden riesig groß gegenüber den Menschen im Vordergrund, die von ihnen überrollt werden.
Mit dem Tageslichtprojektor und eingefärbtem Transparentpapier können auch entsprechende Hintergründe gestaltet werden.
Die einzelnen Szenen können auch in der Form eines stummen Bildes aufgebaut werden, die Spieler spielen nicht, sondern halten nur einen Augenblick in der Bewegung fest, einem Denkmal ähnlich.

** Manchmal

Wünsche für den Tag, für die Woche, für die Zukunft.

Sich selbst und den anderen finden, sich selbst im anderen finden.

Manchmal denke ich, es müßte unbedingt die Sonne scheinen. Und wenn sie dann scheint, dann ist es mir zu heiß.

Manchmal hoffe ich, daß es doch nun endlich Schnee gibt. Und wenn es dann zwei Tage geschneit hat, dann ärgere ich mich, daß ich Schnee schaufeln muß.

Manchmal freue ich mich die ganze Woche auf das Wochenende.
Und wenn es dann kommt, dann langweile ich mich.

Manchmal schreibe ich meinem Onkel einen Brief, in dem ich ihn darum bitte, mich doch endlich mal wieder zu besuchen.
Und wenn er dann da ist, dann finde ich, daß er immer dasselbe blöde Zeug erzählt.

Manchmal nehme ich noch ein drittes Stück Kuchen, weil das erste und das zweite so gut geschmeckt haben.
Und dann schmeckt es mir nicht mehr. Der Boden ist zu weich, die Beeren sind geschmacklos, und die Creme fühlt sich auf der Zunge an wie Kunststoff.

Manchmal nehme ich mir vor, einen ganzen Tag mal richtig freundlich zu sein.
Und schon beim ersten, der mir begegnet, entdecke ich ein mürrisches Gesicht bei mir.

Manchmal nehme ich mir vor, einmal eine Woche lang jeden Tag jemand zu helfen.
Und dann ist mir schon zu viel, wenn ich auf jemand warten soll.

Manchmal wünsche ich mir nichts so sehr, wie eine ruhige Stunde.
Und wenn sie dann da ist, dann meine ich, es müßte jetzt unbedingt etwas passieren.

Manchmal bilde ich mir ein, die Menschen hätten früher viel gesünder und ausgeglichener gelebt.
Und wenn ich dann mal bloß mit der Säge einen dicken Balken durchsägen soll, dann stöhne ich und guck mich nach einer Maschine um.

Manchmal fühle ich mich ganz stark und mutig.
Und wenn ich mir dann beim Tomatenschneiden in den Finger schneide, dann renn ich schon aufgeregt im Zimmer rum und brauch unbedingt einen Verband.

Frieder Stöckle

*** Manchmal werde ich ganz traurig

Manchmal werde ich ganz traurig, wenn ich die Schwalben über dem Dach des Nachbarhauses fliegen sehe, ich möchte dann mitfliegen…

Manchmal, wenn die Sonne am Himmel hinter den Hochhäusern wegrutscht und sich damit wieder für eine ganze Nacht verabschiedet, würde ich gerne mit ihr gehen…

Manchmal, wenn im Kaufhaus ein Kind verzweifelt heult, weil es möglicherweise seine Mutter verloren hat oder durch irgendwas erschreckt wurde, würde ich gerne trösten können.

Manchmal, wenn ich ein Bilderbuch lange angesehen habe, beginnen die Menschen und Tiere in dem Buch sich sachte zu bewegen. Ich kann mit ihnen sprechen, sie anfassen, streicheln. Und ich wünsche mir dann, eine Weile im Bilderbuch leben zu können.

Manchmal, wenn ich durch den Wald streife und Steine, Moospölsterchen und Baumstümpfe beobachte, habe ich das Gefühl, daß sich unter diesen Dingen etwas verbirgt. Ich dreh dann die Steine und die Moospölsterchen

um … Einmal habe ich eine Traumspindel gefunden und einige Blätter aus einer alten Märchensammlung.

Manchmal, wenn ich die Bilder von verhungernden Kindern in der Zeitung sehe, verstehe ich nicht, daß den Leuten noch der Schweinebraten schmeckt.

Manchmal – besonders samstags – wenn die Väter mit ganz weichen Lappen und Bewegungen ihre Autos putzen und dabei so sorgfältig zu Werke gehen, frage ich mich, ob es nicht besser wäre, in der Zeit mit den Kindern zu spielen. Wenn alle Autos sauber sind, fällt das einzelne Auto sowieso nicht mehr auf.

Manchmal, wenn ich alte Stadtmauern, Türme und Gebäude sehe, wünsche ich mir, in die Zeit zurückversetzt zu sein, als die Häuser, Mauern und Gebäude noch bewohnt und begangen waren. Ich würde dann gern ein bißchen zusehen, die Menschen beobachten, auf ihre Stimmen und Sprache achten und sie mit den Menschen aus unserer Zeit vergleichen.

Manchmal, wenn ich im Bett liege und nicht einschlafen kann, versuche ich mir vorzustellen, wie es wäre, wenn ich bei den Eskimos wohnen würde oder bei den Negern in Zentralafrika. Ich denke mich dann in ein Schneehaus oder in das dämmrige Grün des Urwaldes. Von fern hört man das heisere Geschrei der Affen. Dann träume ich davon.

Frieder Stöckle

Im Volksmund heißt es „Was du heute kannst besorgen, das verschiebe nicht auf morgen“. Der Text stellt Wünsche vor, mit denen sich das Kind sofort identifizieren kann, weil sie seiner aktuellen Situation entsprechen.
Es sind aber auch Wünsche, die nicht an materielle Möglichkeiten gebunden sind, sondern wesentlichere Inhalte berücksichtigen: Zeit für den anderen haben, freundlich zu dem anderen sein, mutiger als gewohnt zu sein, dem anderen Liebe geben. Wir können darüber sprechen, welche Wünsche wir heute nicht erfüllt haben, welche wir uns für morgen vornehmen.
Selbstverständlich können die hier niedergeschriebenen Wünsche auf Zetteln von den Kindern erweitert werden, wobei anschließend darüber gesprochen werden kann, welche Wünsche besonders wichtig sind und bei welchen es sich wirklich am meisten lohnt, sie sich zu erfüllen. Aber auch darüber sollte man sprechen, wie es kommt, daß das, was man sich heiß gewünscht hat, ganz anders aussieht, als man es gedacht hatte … und wie man daran etwas ändern kann.

Wünsche, die man sich für einen Tag stellt, sollte man überlegen. Es sollten Wünsche sein, die so klein sind, daß man auch wirklich die Chance hat, sie zu erfüllen.
Jeder einzelne Wunsch kann auch als Einstieg in ein Gespräch verwendet werden. Wir teilen Zettel aus und lassen aufschreiben, was wir uns dabei denken, was wir dazuschreiben möchten, was uns gefällt oder nicht gefällt. Anschließend sprechen wir darüber. Wir sprechen auch darüber, ob wir wirklich wollen, daß das, was wir uns wünschen, auch eintrifft.
Hierbei spielt das Zufriedensein mit der Situation, in der ich mich wohlfühle, auch eine wichtige Rolle.

** Streichelgedicht

Wenn ich ganz nahe auf den anderen zugehe, erkenne und begreife ich ihn und mich besser.

Auf den anderen zugehen, ihn erkennen, begreifen, mit ihm etwas zusammen tun, ihn entdecken. Liebe zum anderen; der andere Mensch als Bruder, Freund, wie ich Geschöpf Gottes, dem Gott sein Leben geschenkt hat.

Aufeinander zugehen, Schritt für Schritt
voreinander stehen bleiben
Auge in Auge
groß und nah
die Nasenspitzen sich berühren lassen
den Atem spüren
und jetzt beide Arme um den Hals schlingen
der eine dem anderen
der andere dem einen
stehen bleiben und in sich hineinhören
heraushören
hineinversetzen
Herzklopfen spüren
herüber und hinüber
streicheln jetzt
die Haare
den Rücken entlang der Wirbelsäule

Schultern und Arme
die Hände
die Arme um die Hüften legen
sich fest aneinander pressen
darauf warten
daß etwas übertritt
von dir zu mir
von mir zu dir

Frieder Stöckle

Der Text kann nicht nur vorgelesen, sondern auch erspürt werden, indem jede einzelne Zeile als Aufforderung zum Tun, als Spielvorschlag aufgenommen wird. Einer liest langsam Zeile für Zeile vor, die anderen versuchen das zu tun, was ihnen durch den Text vorgeschlagen wird. Dabei wird es sich zeigen, daß uns manches schwer, anderes leicht fällt, daß es aber dann am besten gelingt, wenn einer dem anderen dabei hilft, so daß das Schwierige für beide dann leichter wird. Wir können auch mit geschlossenen Augen fast alle Zeilen des Gedichtes in unser eigenes Tun übernehmen. Manchem fällt das noch etwas leichter.
Ein Spiel, das zwischen Kindern, Erwachsenen und Kindern und Erwachsenen aufgenommen werden kann und eine gute und zärtliche Stimmung, ein Hören auf den anderen auslösen kann. Der Spielleiter muß aber sorgsam die Situation abschätzen, in der er ein solches Spiel anbietet.
Das Spiel oder der Text können auch zu einem ganz einfachen Spiellied anregen, das leise von allen gesungen und gesummt wird.

* Ich lade dich ganz herzlich ein

T: Rolf Krenzer
M: Inge Lotz

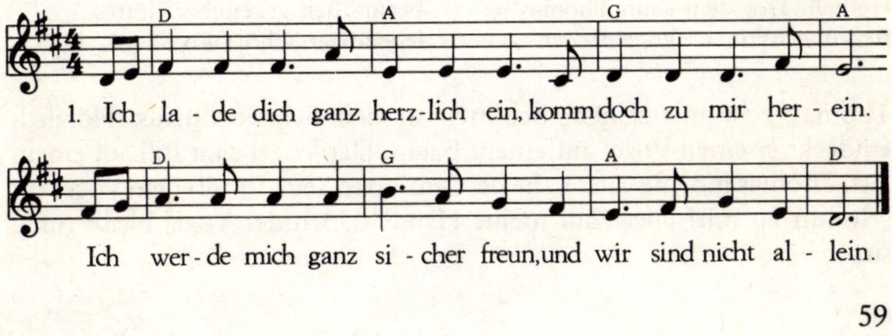

2. Der Himmel ist
hoch über uns
und hier bei uns im Haus.
Gott ist bei dir,
Gott ist bei mir,
drum ruh' dich bei mir aus.

Spielanregung:

Zwei stellen ein Haus dar: Sie stehen sich gegenüber und halten sich an den Händen. Ein dritter Mitspieler kommt in das Haus hinein, wird von den beiden anderen festgehalten und leicht zur Musik geschaukelt. Dabei schließen alle die Augen, so daß sich das Geborgensein erfahren läßt. Im Spielkreis können viele Häuser entstehen. Nach jeder Strophe darf man ein anderes Haus aufsuchen und sich dort schaukeln lassen.

Aus: R. Krenzer (Hrsg.:) Regenbogen bunt und schön, Verlag Ernst Kaufmann, Lahr, und Kösel-Verlag, München, und LP/MC: Ein Regenbogen bunt und schön, Abakus-Schallplatten, Greifenstein 2, und Studio Union im Lahn-Verlag, Limburg.

* Thomas und der Vogel

Thomas möchte so gern den Vogel besitzen, den er draußen findet. Es gelingt, den Vogel vor sein Fenster zu locken. Der Vogel behält seine Freiheit. Trotzdem kann Thomas sich über „seinen" Vogel freuen.

Schöpfungsgeschichte; den anderen, den man gern hat, nicht in seiner Freiheit beschneiden; angemessene Sorge für ein Tier; Verantwortungsbewußtheit gegenüber Gottes lebendiger Schöpfung.

Thomas geht mit seinem Schlitten in den Schnee hinaus. Plötzlich entdeckt er einen Vogel auf einem Baum. Der Vogel sitzt still auf einem Ast. Thomas möchte ganz nahe bei dem Vogel sein. Er ruft dem Vogel zu: „Komm zu mir! Fliege auf meine Hand!" Doch der Vogel bleibt ruhig sitzen.

Da klettert Thomas an dem Baumstamm hoch, um zu dem Vogel zu gelangen. Doch da fliegt der Vogel davon. Obwohl ihm Thomas nachruft: „Bleibe doch hier! Ich will dir nichts tun!", fliegt der Vogel davon.
Thomas geht traurig nach Hause und erzählt der Mutter, daß der Vogel einfach fortgeflogen ist. Die Mutter weiß Rat. Sie stellt mit Thomas im Garten ein Futterhäuschen auf, streut Futter hinein und wartet dann zusammen mit Thomas hinter dem Fenster darauf, daß der Vogel zum Futterhäuschen kommt. Und wirklich, der Vogel fliegt heran, frißt sich an dem Futter satt und pfeift ein Lied. Und Thomas steht hinter dem Fenster und sieht ihm zu.

Aus: Bildergeschichte „Thomas und der Vogel", Bilder Michael Schmidt, Text Rolf Krenzer, Hirschgraben-Verlag, Frankfurt/Main.

Die Geschichte wird bewußt so einfach erzählt, weil jede Zeile in ein Spiel umgewandelt werden kann. Besonders geeignet hierfür ist die Pantomime.
Im Spiel wird stärker als im Text allein erlebt, was es heißt, sich verantwortungsbewußt gegenüber einem anderen Lebewesen zu verhalten.
Mehr als nur die Geschichte es in ihrem Inhalt vermittelt, kann das Kind im Spiel erleben, wie der andere auf sein Spiel eingeht, wie es von anderen erfahren wird. Wenn die Geschichte nicht bis zum Schluß vorgelesen wird, können im Spiel auch neue Lösungen erarbeitet werden.

Spielvorschlag:

Spieldauer: 10 Minuten
Spieler: kleiner oder größerer Spielkreis
Mögliche Spielform: Kreisspiel – Spiel im Halbkreis – Spiel auf einer Bühne – drinnen und draußen – Pantomime – Schattenspiel – Menschenschattenspiel.
Das Spiel kann auch in zwei Gruppen unabhängig voneinander geübt und anschließend sich gegenseitig vorgespielt werden. Das ist besonders reizvoll, wenn der Schluß der Geschichte vorher noch nicht vorgelesen wurde. Also nur bis zu

dem Punkt, wo Thomas traurig seiner Mutter erzählt, daß der Vogel fortgeflogen ist.

Bühnenbild: Stuhl, auf den der Vogel steigen kann.
Selbst das Vogelhaus kann von Spielern dargestellt werden.
Wer mehr benötigt, kann weitere Gegenstände mit auf die Bühne bringen.

Mitspieler: Thomas, Mutter, Vogel, Baum (ein Spieler breitet die Arme aus, hinter ihm steht ein Stuhl), Haus (zwei Spieler stehen sich gegenüber und halten die Hände zum Dach).

Spielanweisung	Musik
(Start)	Triangelsignal
Thomas zieht sich an (Mantel, Schal, Mütze, Handschuhe).	„Thomas-Melodie“: Alt-Xylophon
Er verabschiedet sich von seiner Mutter, geht durch die Tür. Er nimmt die Schlittenschnur auf und stapft durch den Schnee davon.	Schritte im Schnee: Ri-Ra
Der Vogel sitzt auf dem Baum (steht auf dem Stuhl). Thomas entdeckt den Vogel, er geht um den Baum herum, winkt ihm mit der Hand und lockt, daß er herunterkommen soll.	„Vogel-Melodie“: Glockenspiel überstreichen Alt-Xylophon und Glockenspiel, Ri-Ra
Thomas steigt auf den Baum.	(Schreck: Lärm mit allen Instrumenten
Der Vogel fliegt davon.	Glockenspiel
Thomas geht traurig nach Hause.	Ri-Ra langsam, Alt-Xylophon
Thomas geht ins Haus, setzt sich hin und schlägt die Hände vors Gesicht.	gedämpftes Becken
Mutter kommt. Sie legt den Arm um Thomas.	„Mutter-Melodie“: ruhige Blockflötenmelodie in tiefer Lage
Thomas berichtet von seinem Erlebnis.	Geräusche wiederholen, Becken, Schreck)
Mutter tröstet Thomas. Sie hat eine Idee. Sie holt ein Vogelhaus und erklärt Thomas, was sie vorhat.	Blockflöte
Sie gehen zum Baum, Mutter stellt das Vogelhaus auf einen Ast, streut Futter hinein. Dann	Blockflöte, Alt-Xylophon, Ri-Ra

gehen sie zurück und sehen wartend aus dem Fenster.

Der Vogel fliegt herbei, um den Baum herum. Er pickt das Futter. Er setzt sich auf den Baum und singt ein Lied.

Glockenspiel, Klanghölzer
pentatonisches Glockenspiel

Thomas und Mutter schauen zu und freuen sich.

Blockflöte, Alt-Xylophon, Glockenspiel

(Schluß)

Triangel

*** Wo ist Gottes neue Welt?

Gottes Welt ist nicht dort, wo der Mensch gegen Gottes Gebot verstößt. Sie ist dort, wo er Gottes Liebe weiterträgt und verwirklicht.

Schöpfungsgeschichte; Verantwortung des Menschen gegenüber der Schöpfung, gegenüber dem anderen;

Gebet; Offenbarung 21,1–7; Bergpredigt.

T: Rolf Krenzer
M: Ludger Edelkötter

2. Wo ist Gottes neue Welt?
Wo ist Gottes Welt?
Wo die Menschen immer Waffen
gegen andre Menschen schaffen,
wo sie ihre Welt zerstören
und nicht auf den andern hören,
wo der Stärkste auch der Held,
ist nicht Gottes Welt,
ist nicht Gottes neue Welt.

3. Wo ist Gottes neue Welt?
Wo ist Gottes Welt?
Wo die Mächtigen sich schämen,
wo die Reichen nichts mehr nehmen,
wo die Starken Schwache stützen,
wo die Großen Kleine schützen,
wo die Liebe zählt statt Geld,
da ist Gottes Welt,
da ist Gottes neue Welt.

4. Wo ist Gottes neue Welt?
Wo ist Gottes Welt?
Da ist Zeit für gute Sachen,
Zeit zum Spielen, Zeit zum Lachen,
Zeit zum gut Zusammenleben,
Zeit zum Singen, Zeit zum Beten…

Und das schwächste Amen zählt,
da ist Gottes Welt,
da ist Gottes neue Welt.

Das Lied kann angehört und gemeinsam gesungen werden, wobei die Instrumente des Orff-Instrumentariums eingesetzt werden können.

Arbeitsanregungen:

Zeichnen und malen, was nicht zu Gottes neuer Welt gehört.
(Einzelarbeit, Gruppenarbeit), dann darüber sprechen. Ein zweites Bild dem gegenüberstellen, das aufzeigt, was alles zu Gottes neuer Welt gehört.
Sehr geeignet ist hier das Misereor-Hungertuch aus Haiti (1982), daß diese beiden Welten in eindringlichen Bildern gegenüberstellt.

2.

Sehr geehrter Lehrer Klaus

Schulgeschichten

** Schultorgeschichte

Die erste Begegnung mit der Schule und einem ihrer Vertreter verläuft witzig und mit einem winzigen, pfiffigen Sieg für das Kind.

Ein neuer Lebensabschnitt; Begegnung mit einer noch fremden Welt.

Der kleine Franz hatte zwei Brüder, die gingen schon zur Schule. Von ihnen wußte er, daß der Rektor einen großen Hund hatte. „Der hebt jeden Tag am Schultor das Bein", erzählte Fritz, der mittlere Bruder, „drum riecht es dort so komisch."
Franz hatte auch einen Hund, aber nur einen kleinen. Mit dem ging er am nächsten Tag zum Schultor. Der kleine Hund schnupperte, hob ein Bein und machte einen Bach.
Grade da kam der Rektor heraus – mit Hund. Der große Hund sah auf den kleinen Hund herab, der Rektor auf den kleinen Franz.
„Was hat der da gemacht?" fragte der Rektor streng.
„Was der da auch macht!" Franz deutete auf den Rektorhund.
„Der darf hier, deiner nicht", sagte der Rektor.
Der kleine Franz sagte nichts und trollte sich. Und kam am nächsten Tag wieder, genau zur gleichen Zeit. Und wieder trafen der Rektor und der große Hund, Franz und sein kleiner Hund zusammen. Aber diesmal sah der Rektor gleich den kleinen Hund an. Der hatte ein großes Schild aus Pappe umhängen. Darauf stand in feuerroten Buchstaben:

DEINER MUSS
MEINER AUCH

„Kannst du denn überhaupt schon schreiben?" fragte der Rektor.
„Dafür hat man doch Brüder", sagte der kleine Franz.

Hans Baumann

Aus: Hans Baumann, Das große ABCebra-Buch, Annette Betz Verlag, München 1977.

Die bewußt spaßig konstruierte Geschichte kann dazu anregen, sich mit der Institution Schule zu befassen. Kinder können berichten, wie ihre erste Begegnung mit der Schule verlief, was sie erwarteten, worauf sie sich freuten, was sie befürchteten. Natürlich war alles ganz anders als in dieser Geschichte. Aber gerade die extreme,

witzige Situation, die hier geschildert wird, fordert zum Sprechen heraus. Man kann Vergleiche anstellen, sammeln, aufschreiben, was man von der Schule erwartete, was man erlebt, worüber man sich freut und was einem nicht gefällt. Daran lassen sich Gespräche anschließen, wie man einzelne Dinge verändern kann, wie Lehrer und Kinder gemeinsam versuchen können, die Schule, den Unterricht so zu gestalten, daß es jedem ein bißchen mehr Spaß macht.
Als Impuls kann die Geschichte auch von einer Kindergruppe als Rollenspiel vorbereitet und vorgestellt werden.

** Was ein Mensch so lernen muß

Vom ersten Tag an muß jeder Mensch lernen. Das wird anhand eines lustigen Spielliedes deutlich.

Gemeinsames Erleben des eigenen Tuns in der Gemeinschaft mit anderen beim Singen und Spielen eines Spielliedes im Kreis.

** Was ein Mensch so lernen muß

T: Rolf Krenzer
M: Siegfried Fietz

Was ein Mensch so lernen muß,
das ist oft gar nicht leicht.
Wenn er wieder etwas kann,
glaubt ja nicht, daß das reicht.
Denn
zuerst muß er sitzen.
Und dann muß er aufstehn.
Und wenn er das kann,
dann geht es gleich weiter.
Das weiß doch jedermann.

Was ein Mensch so lernen muß,
das ist oft gar nicht leicht.
Wenn er wieder etwas kann,
glaubt ja nicht, daß das reicht.
Denn…

Zuerst muß er sitzen.
Und dann muß er aufstehn.
Und dann muß er losgehn.
Und wenn er das kann,
dann geht es gleich weiter.
Das weiß doch jedermann.

Was ein Mensch so lernen muß,
das ist oft gar nicht leicht.
Wenn er wieder etwas kann,
glaubt ja nicht, daß das reicht.
Denn ...
Zuerst muß er sitzen...
Und dann muß er aufstehn...
Und dann muß er losgehn...
Dann muß er sich waschen...
Allein dann zum Klo gehn...
Allein Schuhe binden...
Und dann muß er malen...
Und dann muß er schreiben...
Und dann muß er rechnen...
Und dann Roller fahren...
Und dann Fahrrad fahren...
Und dann Auto fahren...
Und dann Kinder wiegen...
Und dann Wagen schieben...
Und putzen und kochen...
Und tippen und hämmern...
Und wenn er alles kann,
dann ist er, dann ist er
bereits ein alter Mann.

(Zu jeder neuen Strophe kommt auch eine entsprechende Bewegung.)

Ein Spiellied, das spontan mit Kindern und Erwachsenen gesungen werden kann. Alles, was ein Mensch lernen muß, wird zu der jeweiligen Liedzeile pantomimisch von allen dargestellt, z. B. sitzen, aufstehn, losgehn.
Das Lied gehört zu den sogenannten Bandwurmliedern, in denen jeweils alles wiederholt und dann eine neue Zeile hinzugefügt wird, so daß das Lied von Strophe zu Strophe um eine Zeile länger wird.
Die hier vorgestellten Strophen können beliebig variiert oder gekürzt werden.

* Er hat es später wieder gesagt

Ganz plötzlich und unerwartet erfährt Jens, daß es Vorurteile gegen andere gibt. Er versucht, sich dagegen zu wehren. Aber das ist schwer, weil sein bester Freund gegen einen anderen guten Freund etwas hat.

Zusammenleben mit Gastarbeiterkindern; erleben, daß einem anderen weh getan wird; Reaktion auf solches Erleben; Verständnis für den anderen; Freundschaft, Zuneigung, Liebe, aber auch Enttäuschung über einen Freund.

Ganz ärgerlich und böse kommt Jens nach Hause.
Er ist so böse auf Torsten, daß er nie mehr mit ihm spielen will.
Niemals wieder!
„Aber Torsten ist doch dein bester Freund!“ sagt die Mutter.
„Und Freunde müssen sich auch wieder gut werden!“
Es dauert lange, bis sie Jens dazu bringt, daß er erzählt, was passiert ist.
„Der Torsten ist nicht mehr mein Freund!“ sagt er immer wieder.
Und dann erfährt die Mutter, was geschehen ist.
In der Schule hat Torsten zu Hassan „Knoblauchstinker“ gesagt.
Alle haben es gehört.
Und Hassan ist sehr böse geworden, weil er so von Torsten beschimpft wurde.
Frau Hellwig hat es auch gehört.
Sie hat den Arm um Hassan gelegt und ihn beruhigt.
Ellen ist Hassans Freundin. Sie hat gesagt, daß sie sich mächtig über Torsten ärgert, weil er so gemeine Sachen zu Hassan sagt.
„Ich bin kein Stinker!“ hat Hassan gesagt und dabei geweint.
Hassan ist auch Jens Freund. Sie spielen oft zusammen. Besonders dann, wenn in der Gruppe mit den vielen Bausteinen große Hochhäuser, Flughäfen, Tankstellen und ganze Städte gebaut werden sollen.
Er kann Torsten nicht verstehen. Denn sonst spielt Torsten immer mit.
Jens hat gedacht, Torsten wäre auch Hassans Freund.
„Mein Vater sagt das auch!“ hat Torsten sich verteidigt.
Da hat Frau Hellwig erklärt, daß manche Erwachsene manchmal auch etwas falsch machen. Sie hat aber auch gesagt, daß sie nicht glaubt, daß Torstens Vater das wirklich so gesagt hat.
Da ist Torsten noch böser geworden.
Er hat sich schweigend alles angehört.
Und als Frau Hellwig ihm sagte, er solle dem Hassan die Hand geben und nicht mehr so böse zu ihm sein, da hat er es getan.

Aber er hat Hassan nicht angeschaut. Er hat unter sich geguckt, und seine Augen waren ganz böse.
Aber später, als sie nach Hause gingen, da hat er es wieder gesagt.
Immer wieder!
Er hat es so laut geschrien, daß es jeder auf der Straße hören konnte.
So! Und deshalb ist Torsten nicht mehr mein Freund.
Und deshalb will Jens nicht mehr mit ihm spielen.
Nie mehr!
Und er weint, weil ihm das so weh tut.

Rolf Krenzer

Die Geschichte wird in einfacher Sprache erzählt, so daß ihr schwieriger Inhalt bereits Kindern in den ersten beiden Grundschuljahren leicht zugänglich wird. Als Paralleltext kann „Ein Gastarbeiter schreibt an seine Kinder", Seite 44 hinzugezogen werden.

Gesprächsanregungen:

Wie kann es jetzt weitergehn?
Was kann Jens tun?
Ob die Mutter ihm helfen kann?
Was würdest du tun, wenn du Torsten wärst?
Was würdest du tun, wenn du Hassan wärst?

Der Text kann auch Anstoß zu einem Rollenspiel sein, in dem die Kinder aufgefordert werden, nicht mit der Geschichte zu enden, sondern weiter zu spielen, so daß mögliche Lösungen im Spiel erprobt werden können.
Ähnliche Beispiele des negativen Umgangs mit anderen sind den Kindern auch aus dem Neuen Testament bekannt, beispielsweise des Mannes, der unter die Räuber gefallen war und liegen blieb, bis der Samariter ihm half. Die Bergpredigt und die Passionsgeschichte zeigen auf, wie Menschen miteinander umgehen und aus dem Wort und dem Leben Jesu erfahren können, wie dieses miteinander Umgehen besser sein kann. Ein Gespräch darüber, wie Christen miteinander umgehen sollen, sollte sich anschließen.

*** Wenn ich mal meine Wut kriege

Wut kann etwas sein, über das man sich später ärgert, das einem später leid tut. Was könnte geschehen, wenn man die Wut einfach ausbauen könnte?

Wut, Ärger, Jähzorn; Unzufriedenheit über sich selbst; Möglichkeiten eines besseren und kritischeren Umgehens mit der eigenen Persönlichkeit erleichtern auch den besseren Umgang mit anderen.

Wenn ich mal meine Wut kriege
möchte ich jemand prügeln
einfach einen umhauen
eine Scheibe einwerfen
mein Heft zerreißen
etwas auseinandernehmen
mit meiner Fahrradpumpe möchte ich loslegen
wenn ich meine Wut habe
jemand die Zunge rausstrecken
und sagen „am Arsch kannst mich lecken"
in mir ist dann was los
meine Fäuste ballen sich von selbst
mein Mund wird trocken
und meine Füße fangen an zu zittern
sobald mich die Wut packt
die Augen brennen mir
wenn ich meine Wut habe
mein Atem rast und ich seh rot
heul vor Wut
irgendwas passiert dann
wenn ich meine Wut habe

und nachher weiß ich nichts mehr davon
und meistens tut's mir dann leid

Wenn –
wenn ich meine Wut herausnehmen könnte
wenn ich sie einfach ausbauen könnte
(es dürfte nicht weh tun!)
und vermutlich würde sie gelb aussehen und rund – wie ein Ball
dann – dann würde ich sie in einen Wutverschlag stecken, zeitweilig
oder etwas Nützliches mit ihr machen

weil sie ja wie ein Antrieb ist, wie ein Motor
man könnte sie vielleicht umfunktionieren
etwas antreiben damit, das Zimmer heizen (und beleuchten)
mit dem Wutentbrannt könnte ich
mein Motorboot antreiben
Vielleicht einen Hubschrauber zum Fliegen bringen
auf jeden Fall Energie sparen
mit dem Kraftwerk in mir…

Frieder Stöckle

Anregungen:

Wir berichten über eigene Erlebnisse, die uns später leid taten, weil wir uns von unserer Wut hinreißen ließen.
Weil wir selbst die Wut kennen, versuchen wir zu verstehen, daß andere auch wütend sein können.
Überlegen, wie man die eigene Wut bezwingen kann (still bis 10 zählen usw.), wie man sich verhält, wenn ein anderer wütend ist.
Wie kann man dann, wenn die Wut verraucht ist, wieder den Zugang zu dem anderen Menschen finden? Entschuldigen, verzeihen…
Wir versuchen, in uns hinein zu hören und Möglichkeiten für uns selbst (jeder für sich) zu finden, um uns nicht hinreißen zu lassen zu etwas, was uns später bestimmt leid tut.
Im Menschen gibt es Gutes und Böses. Vielleicht ist es möglich, darüber zu berichten, was man selbst versucht hat, um das Böse nicht hervorkommen zu lassen. Wir können aufzählen, was alles zu dem Bösen gehört, z. B. Wut, Haß, Krieg, Streit, Unzufriedenheit… Dann dagegenstellen, was Gott uns gegeben hat und um was wir uns bemühen müssen, wenn wir uns nach Jesus Christus Christen nennen. Wichtig ist, daß wir erfahren dürfen, daß uns Gott trotz all unserer Unzulänglichkeit liebt, auch und gerade dann liebt, wenn wir bereuen und uns ihm anvertrauen.

** Schulkrankheit

Peter will sich vor einer Klassenarbeit drücken und flüchtet in die Krankheit. Durch den Anstoß seiner Mutter gelingt es ihm, seine Angst zu überwinden.

Angst; Angst überwinden; dem anderen helfen, seine Angst zu überwinden; unterschiedliche (negative und positive) Möglichkeiten, die eigene Angst zu bewältigen.
Gott seine Angst anvertrauen, Stärkung durch das Gebet. Jesus hatte auch Angst, große Angst. Er betete zu seinem Vater, und Gott stärkte ihn (Golgota).
„In der Welt habt ihr Angst; aber seid getrost, ich habe die Welt überwunden." Johannes 16,33

T: Rolf Krenzer
M: Siegfried Fietz

2. „Ich muß heute liegen bleiben!
Fängt die Schule an,
mußt du einen Zettel schreiben,
daß ich heut' nicht kann!"
„Ich werd' gleich den Doktor holen!"
leis' die Mutter spricht.
Doch der Peter meint verstohlen:
„Tu das bitte nicht!"

3. „Ein Diktat wird heut' geschrieben!"
sagt er vor sich hin.
„Wär' so gerne hiergeblieben.
Geh' erst gar nicht hin!"
„Na, das sind ja schlimme Sachen!"
ruft die Mutter aus.
Sie jagt Peter unter Lachen
aus dem Bett heraus.

4. Krank und elend macht sich Peter
auf den Weg sodann.
Als er heimkommt sehr viel später,
lacht er Mutti an.
„Alle Schmerzen sind vertrieben!"
tönt's aus seinem Mund.
„Ich hab' ein Zwei geschrieben
und bin kerngesund!"

So gut wie in diesem Text, geht es nicht immer aus. Kinder wissen, was Angst ist, auch Angst vor bestimmten Situationen in der Schule. Der Text macht aber auch deutlich, daß sich Angst besser überwinden läßt, wenn man Vertrauen zu einem anderen Menschen hat, der einem dabei ein bißchen hilft. Jeder muß mit seiner eigenen Angst fertig werden, aber es gibt Möglichkeiten, sich dem anderen anzuvertrauen. Manchmal entsteht Angst auch aus Unsicherheit, Ungewißheit... Die Kinder sollen erfahren, daß jeder Mensch solche Situationen erleidet. Hinweis auf die Passionsgeschichte, auf die Angst Jesus am Ölberg.
Jesus zeigt uns diesen entscheidenden Weg, der uns hilft, die Angst zu überwinden, der uns stärkt, weil wir mit unserer Angst im Gebet zu Gott kommen dürfen. Und wir dürfen sicher sein, daß er uns anhört.

Wir können darüber berichten, was wir selbst erlebt haben und wie es uns gelungen ist, unsere Angst in einer ganz bestimmten Situation zu überwinden. Es gibt Ängste, die man durch bessere Information leicht überwinden kann (Angst vor dem Dunkeln; Angst vor einer unbekannten Situation). Es gibt aber auch Ängste, die bestehen bleiben, die man aber Gott anvertrauen kann. Und Gott gibt Trost und Kraft, auch mit diesen Ängsten zu leben.

Anregung: Selbst ein Interview machen oder Interview mit dem Cassettenrecorder: Wovor hast du Angst? Anschließend darüber sprechen.

*** Susanne hat Angst und Wut ...

Susanne gehört zu den „leisen" Schülern und fürchtet sich vor Aggressionen der größeren und lauteren Schüler in der Pause. Aber im entscheidenden Augenblick packt sie die Wut, so daß sie ihre Angst überwindet.

Zusammenleben mit anderen; Angst; eigene Schutzbarrieren, um mit der Angst zu leben; Angreifer – Opfer; Gewalt gegen andere, schwächere Menschen; Überwindung der Angst; Gefahr der Wut für sich selbst und andere.

Wenn Susanne nach dem Pauseklingeln als letzte auf den Schulhof kommt, hat sie Angst.
Wer wird zuerst loslachen? Noch einen Moment hinter der großen Schultüre stehen bleiben. Noch wenigstens eine Minute hinter dem dunklen, schweren Holz in Deckung bleiben. Dann muß sie raus. In der großen Pause müssen alle Schüler auf den Hof. Die Aufsicht führenden Lehrer fegen auch noch den letzten Schüler aus seinem Versteck, und selbst im Klo ist man nicht sicher.
Jetzt also wieder raus in diese tobende, schreiende, lachende Menschenmenge. Wird Susanne unbemerkt untertauchen können? Aber wohin denn? Überall Gruppen, die sich essend und lachend unterhalten. Und weil Pause ist und kein Lehrer sein Regiment führt, sind die Schüler jetzt ausgelassen, suchen Reize, Aufregendes, greifen an, wo es geht.
Einen über den Fuß purzeln lassen, kurz mal das Pausenbrot aus der Hand hauen, von hinten an der Jacke ziehen oder mit der Colaflasche durch Schütteln einen scharfen Spritzstrahl erzeugen, den man unbemerkt jemand von hinten an den Hals beißen läßt – immer sind es die Stilleren unter den Schülern, die dran sind.
Wer nicht bei den Lauten ist, bei den Lachern, Schlägern, der ist bei den Verlierern. Den kann es treffen. Der kann sich auf was gefaßt machen. Und die Lauten sind lustig und lachen über jeden gelungenen Angriff. Sie

lachen laut, sie übertreffen sich gegenseitig mit dem Wiehern und Prusten. Denn jeder weiß, wer nicht mitmacht und mitlacht, kann schon das nächste Opfer sein…

Susanne schiebt sich vorsichtig hinter der schützenden Türe hervor. Sie hält ihr eingepacktes Vesperbrot mit beiden Händen fest, versucht, niemand im Weg zu sein, keinem einen Anlaß zum Loslachen zu geben. Die Strümpfe rutschen, und das blaue Kleid, das sie anhat, paßt nicht zu dem, was die meisten anderen Schüler tragen.

„Du mußt dich nicht darum kümmern, was die anderen tun und lassen", hatte die Mutter immer wieder gesagt. „Sei so wie du bist, die andern werden sich schon auf dich einstellen."

Das war leicht gesagt. Die anderen stellten sich nicht auf sie ein. Sie schlugen oder sie lachten auf Susanne ein – was dasselbe war. Beides tat weh.

Susanne bleibt an der niederen Mauerbrüstung stehen, die letzte kleine Schutzbarriere vor der offenen Arena. Der Schulhof ist groß. Neugierig dehnt er sich nach allen Seiten aus, als wolle er die ganze Umgebung aufschlucken. Kein Baum, keine Wand, keine Nische. Eine ausgedehnte schreiende Fläche. Ein Riesenkäfig ohne Gitter.

Susanne steht da, riecht an ihrem Vesperpapier – das hilft ein bißchen. Mit dem Vesperpapier kann sie die Mutter herriechen, die kleine Küche, das blaue Kleid mit der großen Messingschnalle.

Wenn Susanne die Augen zumacht, kann sie das Gesicht der Mutter herbeiriechen, ihr Streicheln und ihre Stimme.

Von hinten wird Susanne jetzt scharf gestoßen. Der Aufsichtslehrer hat noch mal einen Trupp Jungen aus dem Klo gescheucht. Die stürzen jetzt wild schreiend und fuchtelnd wie Sieger die Treppe hinunter. Der Stoß ist so stark, daß Susannes Brot weit hinausgeschleudert wird auf den Schulhof. Mitten unter die gierige, schreiende Meute. Susanne hastet schnell hinterher, will das Brot unbemerkt wieder aufnehmen und sich einen stillen, windgeschützten Winkel suchen, um es zu essen. Sie bückt sich, hat das blaue Einwickelpapier schon fast in der Hand – da taucht plötzlich ein großer schwarzer Stiefel auf mit einem silbernen Sternchen an der Seite. Noch bevor Susanne es verhindern kann, steht dieser schwarze Stiefel mit dem Silberstern auf ihrem Vesperbrot. Nicht leicht und vorsichtig – sondern fest und brutal. Das Papier platzt auf, Brotscheiben und Wurst drückt es seitlich unter dem Stiefel hervor.

Susanne wird steif vor Schreck. Sie steht da, mit der ausgestreckten Hand, kann nicht begreifen, wie man mit dem Schuh auf ihr Vesper, ihr Riech-Vesper treten kann. Sie sieht entsetzt hoch zu dem Träger des Stiefels – es ist Ali.

Ali ist ein schon fast 15jähriger Junge, der immer von einer Gruppe Bewunderern umgeben ist. Wo Ali ist, passiert was. Und das weiß Ali. Und weil er selbst Angst hat, die Bewunderer-Gruppe zu verlieren, muß er immer dafür sorgen, daß was los ist.
Und Ali grinst jetzt bloß und dreht den Schuh auf dem Vesper. Er nimmt damit Susanne die letzte Hoffnung, doch noch was von dem Brot zu bekommen. Er sieht Susanne dabei an und grinst. *

Immer noch steif vor Schreck spürt Susanne plötzlich, wie sich in ihr was zu bewegen beginnt. Etwas, das hinter dem Schreck kommt und ganz rasch wächst und größer wird. Es drückt richtig gegen den Kopf.
Susanne spürt es im Bauch, in der Brust – es flackert vor bis zu den Händen und Fingern. Ihr wird heiß.
Susanne spürt, wie sie von innen überschwemmt wird und gar nichts dagegen machen kann. Und mit einemmal, für Ali völlig überraschend, stürzt sich Susanne mit einem wilden Schrei auf den Angreifer, fährt ihm mit den Fingern ins Gesicht und reißt ihn an den Haaren.
Ali lacht und will diese kleine Susanne wegstoßen. Sie hat sich in seine Jacke verkrallt, schreit und stößt ihn mit den Füßen.
Für einen Moment sieht Ali Susannes Augen. Er sieht durch die Augen die Ohnmacht, die Wut und den Schmerz. Und da spürt er, wie etwas von Susanne auf ihn übergesprungen ist, wie das Flackern in Susannes Augen plötzlich in ihn eindringt, ohne daß er sich dagegen wehren kann. Und das breitet sich jetzt aus in Ali. Genau so rasch wie vorher bei Susanne: Es hämmert gegen den Kopf, drückt gegen die Brust und strömt hinaus bis in die Fingerspitzen.
Unter dem Gelächter und Gejohle seiner Bewunderer löst sich Ali langsam von Susanne, versucht vorsichtig das zertretene Brot vom Boden zu nehmen und gibt es Susanne mit einer großen Orange zurück, die er aus seiner weiten Jackentasche geholt hat.
Susanne dreht sich um und rennt weg.
Das Dröhnen in Alis Kopf läßt langsam nach und macht einem gleichmäßig strömenden Gefühl Platz, das vom kalten und abweisenden Lachen der Ali-Gruppe ebensowenig zerstört wird wie vom scharf einsetzenden Klingelzeichen der Pausenglocke.

Frieder Stöckle

Der Text stellt die Problematik eines ängstlichen und unsicheren Kindes in den Mittelpunkt, das sich offensichtlich in der Schule – besonders in der Pause – nicht wohlfühlt und unter den Aggressionen der stärkeren Mitschüler leidet. Es wird deutlich geschildert, welche Schutzbarrieren Susanne selbst aufbaut (innerliche Verbindung zur Mutter durch das Vesperbrot), um mit dieser Angst in einer von ihr nicht frei gewählten Situation leben zu können. Susanne ist auch Außenseiter in der Klasse, denn sonst stände sie nicht allein im Pausenhof. Immerhin gibt ihr die Klasse noch durch die dort herrschende Ordnung einen gewissen Schutz, der aber in der Pause (der Klassenlehrer führt bestimmt nicht immer Aufsicht) völlig entfällt. Sie fühlt sich den stärkeren Mitschülern ausgeliefert, die zudem noch in der Gruppe auftreten. Als ihr dann das Zurückziehen in eine scheinbar noch heile Welt, ihr scheinbarer Schutz, das Vesperbrot, von einem starken und großen Jungen willkürlich abgenommen und fast vernichtet wird, überwindet ihre Wut die Angst.

Vorschlag:

Den Text bis * lesen und dann darüber diskutieren, wie es weitergehen kann. Die einzelnen von den Kindern gebrachten Vorschläge in Stichworten aufschreiben. Dann erst den Schluß der Geschichte vorlesen und diesen mit den vorher gefundenen Lösungsvorschlägen vergleichen, den angemessensten Vorschlag dann gemeinsam herausarbeiten.

Problemstellung:

Was kann Susanne tun, um ihre Angst zu überwinden?
Was können die anderen tun?
Handelt Susanne in dieser Geschichte richtig?
Muß man sich alles gefallen lassen oder darf man auch dann, wenn wirklich etwas Schlimmes einem selbst oder einem anderen angetan wird, zornig werden und entsprechend handeln?

Auch in der Bibel gibt es Geschichten, in denen die gewaltsame Auseinandersetzung nötig war. Die beiden folgenden Geschichten verdeutlichen das.
David ist gezwungen, gegen Goliat zu kämpfen.
Jesus säubert das Haus Gottes und jagt die Händler zum Tempel hinaus.

*** David und Goliat

Der Hirtenjunge David kämpft gegen den riesigen Kämpfer Goliat aus dem Heer der Philister und besiegt ihn mit Gottes Hilfe.

1 Samuel 17,1–52

Im Krieg, den König Saul gegen die Philister führte, standen sich die beiden feindlichen Heere in einem Tal gegenüber. Die Schlacht, die hier geschlagen werden sollte, würde über Sieg oder Niederlage entscheiden.

Da trat plötzlich aus dem Heer der Philister ein riesiger Soldat hervor, der einen mächtigen Helm, einen schweren Brustpanzer und Beinschienen aus Metall trug, dazu noch als Waffe eine riesige schwere Lanze.

Er pflanzte sich vor dem Heer des Königs Saul auf und rief den Israeliten zu: „In dieser Schlacht wird nicht jeder gegen jeden kämpfen! Ich allein werde kämpfen. Es soll ein Zweikampf werden. Ich kämpfe für die Philister! Jetzt wählt einen von euch aus, der mit mir kämpfen soll. Wenn dieser Krieger mich besiegt und tötet, dann habt ihr den Krieg gewonnen und wir werden eure Sklaven sein. Wenn ich ihn aber besiege und töte, dann haben wir den Krieg gewonnen. Ihr werdet unsere Sklaven sein und uns dienen." Als die Soldaten König Sauls den riesigen und schwer bewaffneten Mann so höhnisch herumbrüllen hörten, erschraken sie und hatten Angst, denn keiner von ihnen wagte, es mit ihm aufzunehmen.

Der riesige Goliat spürte ihre Angst und brüllte noch lauter: „Habt ihr es gehört? Schickt mir endlich einen Mann für den Zweikampf!" Und höhnisch fügte er hinzu: „Ihr findet ja doch keinen!"

Über einen Monat lang standen sich die beiden feindlichen Heere gegenüber. Über einen Monat lang trat Goliat jeden Morgen und jeden Abend vor das Heer der Israeliten und forderte zum Zweikampf auf.

Über einen Monat lang verhöhnte er Gott und die Israeliten.

Während dieser Zeit kam einmal ein Hirtenjunge namens David zum Heer des Königs Saul. Der war von seinem Vater geschickt und sollte seine beiden älteren Brüder, die im Heer als Soldaten dienten, besuchen. Er brachte ihnen Brot mit, das zu Hause für sie gebacken worden war. Auch für ihren Hauptmann hatte er ein Geschenk seines Vaters mitgebracht, frischen Käse. David sollte dem Vater berichten, wie es den Brüdern ergehe, ob sie gesund seien und ob sie bald wieder zurück nach Hause kämen. Kaum hatte der Hirtenjunge seine Brüder begrüßt, da hörte er auch schon die gewaltige Stimme des mächtigen feindlichen Kriegers, der wiederum Gott und die Israeliten verhöhnte. Und mit Schrecken beobachtete David, daß die eigenen Brüder und alle Krieger vor Angst immer mehr vor ihm zurückwichen. „Wer diesen furchtbaren Gegner besiegt, wird reich belohnt!" sagten die Krieger. „König Saul selbst will ihn zu einem reichen Mann machen und ihm sogar seine Tochter zur Frau geben!"

David hörte ganz aufgeregt zu und erkundigte sich noch einmal genau nach der Belohnung, die König Saul versprochen hatte. Seinen Brüdern aber war das alles ganz und gar nicht recht. Sie ärgerten sich über den Jungen, der die Schafe alleingelassen hatte und jetzt anscheinend nur gekommen war, um einmal den Krieg zu sehen.

Doch David ließ sich nicht beirren. Er fragte weiter und fragte so lange, bis es endlich König Saul selbst zu Ohren kam. Er ließ den Hirtenjungen zu sich rufen.

„Mein König!" rief David. „Laß dich doch von diesem Philister nicht einschüchtern! Ich stelle mich zum Zweikampf und werde mit ihm kämpfen!"

Der König wollte zunächst auf keinen Fall einwilligen. Schließlich war David fast noch ein Kind und war auch deshalb nicht zum Heer eingezogen worden. Der feindliche Krieger aber war ein stattlicher Mann, der das Kriegshandwerk gelernt hatte und mit den Waffen umgehen konnte.

Doch David ließ nicht locker. „Ich habe als Hirtenjunge schon mit einem Löwen und mit einem Bären kämpfen müssen!" rief er. „Sie machten sich über meine Schafe her. Aber ich habe sie besiegt und ihre Opfer aus ihrem Rachen gerettet! Wirklich, ich bin schon mit Löwen und Bären fertiggeworden!" Und dann fügte David noch hinzu: „Dieser Philister verhöhnt das Heer des lebendigen Gottes. Gott hat mich vor den Löwen und Bären beschützt, er wird mich auch vor diesem Soldaten beschützen!"

Da willigte König Saul schließlich ein. „Gott wird dir beistehen!" sagte der König zu dem Hirtenjungen und schenkte ihm seine eigene Rüstung. Als aber dann David die Rüstung anziehen sollte, da war sie ihm viel zu schwer. „Ich kann keinen Schritt damit gehen!" sagte er endlich. So legte er alles wieder ab und nahm seinen Hirtenstock und die Steinschleuder, mit der er schon oft geschossen hatte. Dann suchte er sich im Bach fünf glatte Kieselsteine und steckte sie in seine Hirtentasche.

So sah die Rüstung aus, mit der David auf das feindliche Heer zuging. Ein Hirtenjunge trat mit einem Stock und einer Steinschleuder gegen den mächtigen und gepanzerten Krieger zum Zweikampf an.

Als Goliat den schlanken Jungen entdeckte, brüllte er voll Verachtung: „Was willst du mit deinem Stock? Bin ich vielleicht ein Hund?"
Er fluchte und schrie: „Komm nur her! Ich werde dich erschlagen und deinen Körper den Geiern und Raubtieren überlassen!"
David hörte sich alles ruhig an. Dann sagte er: „Du trittst gegen mich mit mächtigen Waffen an. Ich aber habe den allmächtigen Gott zum Beistand. Er ist der Herr aller Heere Israels. Ihn hast du verhöhnt. Deshalb wirst du sterben müssen. Dann wird jeder erkennen, daß Gott sein Volk beschützt. Aber auch die Soldaten meines Volkes werden sehen, daß Gott keine Rüstung braucht, um sein Volk zu retten!"
Und als es wirklich zum Zweikampf kam, da siegte nicht der mächtige und gut gerüstete Goliat. Es siegte der Hirtenjunge mit seiner Steinschleuder, dem Gott beistand.
Ohne Schwert, nur mit einem Stein aus der Schleuder, wurde der mächtige Goliat getötet.
Als die Philister aber sahen, was geschehen war, flohen sie, so schnell sie nur konnten. So hatten die Israeliten den Krieg gewonnen.
Gott hat sein Volk nicht im Stich gelassen. Mit der Steinschleuder eines Hirtenjungen wurde die Schlacht entschieden.

Rolf Krenzer

Im Lied von David und Goliat wird der Inhalt noch einmal aufgenommen und in aktuellem Sprachgebrauch nacherzählt.

*** Der Goliat ist stark und groß

T: Rolf Krenzer
M: Hans-Werner Clasen

2. Der David ist nur halb so groß.
Die Sache steht nicht gut.
Doch geht er auf den Großen los.
Der Junge, der hat Mut!
Als Goliat ihn kommen sieht,
da schreit er wild und bös.
Doch David hat die Schleuder mit.
Da macht ihn nichts nervös.

3. Ihn kümmert nicht des Goliats Wut
und auch nicht sein Geschrei.
Er betet laut und voller Mut:
„Gott, hilf und steh mir bei!"
Er sucht sich einen harten Stein.
Da lacht der Goliath bloß.
Er spannt ihn in die Schleuder ein
und schießt den Stein dann los.

4. Der Stein prallt gegen Goliats Kopf.
Er wird ganz blaß und stumm.
Und dann fällt dieser starke Tropf
grad wie ein Baumstamm um.
Da reißen alle Feinde aus.
Es läuft das ganze Heer.
So ist der Krieg auf einmal aus,
und keiner kämpft jetzt mehr.
(oder … und existiert nicht mehr.)

Zu dem Text können einzelne Bilder auf großen Tafeln (Plakatkarton) gezeichnet und ausgemalt werden, die dann in der Form einer Moritat zum Lied gezeigt werden.

** Gottes Haus ist kein Handelshof

Jesus jagt die Händler aus dem Tempel.

Matthäus 21,12–17; Markus 11,15–17
Lukas 19,45–46; Johannes 2,13–17

Schon immer war der Tempel das Gotteshaus. Zum Tempel in Jerusalem kamen täglich viele Menschen. Sie beteten dort und lobten Gott. Aber nicht alle kamen in den Tempel, um zu Gott zu beten.
Im Laufe der Zeit war der Tempel von Jerusalem zu einem rechten Kaufhaus geworden, zu einem Handelshof, in dem alles mögliche angeboten und verkauft wurde. Oft ging es zu wie auf einem Jahrmarkt. Da standen die Buden der Händler neben den Kassen der Geldwechsler. Und es wurde alles angeboten: Andenken, Lebensmittel, ja, sogar Ochsen und Schafe. Im Tempel von Jerusalem wurde ein lebhafter Viehhandel und Geldwechsel betrieben.
Als Jesus in den Tempel trat und sehen mußte, was aus dem Gotteshaus geworden war, wurde er sehr zornig.
Er sagte: „Gott hat gesagt: Mein Haus soll ein Haus zum Beten sein!" Dann lief er auf die Kaufleute zu und schrie sie an: „Ihr habt eine Räuberhöhle daraus gemacht!"
Er war so zornig, daß er die Buden, Tische und Kassen der Händler umstieß, so daß alles auf den Boden fiel. Dann trieb er die Händler und all das, womit sie handelten, aus dem Gotteshaus hinaus.
Viele Menschen hatten mitangesehen, was geschehen war. Die Kinder aber, die alles miterlebt hatten, bewunderten ihn so, daß sie Jesus laut zuriefen: „Heil dir, großer König!"
Sie riefen so laut, daß es die Priester im Tempel voller Schrecken hörten. „Hörst du, was die Kinder rufen?" fragten sie Jesus. „Sie nennen dich König!"
Jesus hörte sich die Klagen der Priester an. Er nickte und sagte dann: „Ja, so ist es! Gott sorgt dafür, daß sogar unmündige und kleine Kinder ihn loben. So steht es schon in den alten Büchern!"
So erkannten die Kinder im Tempel den König des Himmels und der Erde. Deshalb riefen sie laut: „Heil dir, großer König!"

Im Spiellied kann der Text mit beliebig vielen Spielern in ein Rollenspiel spontan umgesetzt werden, wobei der Text die notwendigen Spielanregungen vermittelt.
Personen: Jesus, Händler, Kinder, Erwachsene und Tiere.
Material: All das, was im Lied genannt wird und mehr oder weniger.
Jahrmarkt: also Rummel, Profit- und Lebensgier, so wie die Verse es beschreiben.

Eine Gruppe von Kindern singt. Zu den Versen wird pantomimisch gespielt. Bei der Wiederholung des Refrains übertönt der Jahrmarktsrummel den Gesang. Jesus tritt im 3. Vers auf und spielt genau das, was die Kinder singen. Beim letzten Refrain „Gottes Haus, öffnet Tor und Tür“ werden alle einsichtig, selbst die Reichsten und Hohenpriester des Landes. Sie helfen Jesus. Das macht froh; und frohe Menschen tanzen, lachen und gehen freundlich und gut miteinander um.

** Im Tempel von Jerusalem

Singstimme oder C–Flöte

T: Rolf Krenzer
M: Ludger Edelkötter

2. „Ihr Leute, kommt! Ihr Leute, kauft!
Kauft Eier, Milch und Reis!
Hier gibt es Obst! Hier gibt es Fleisch
zum Supersonderpreis!
Kauft Postkarten! Kauft Souvenirs!"
So tönt's auf Schritt und Tritt.
Und wer genügend Geld mit hat,
nimmt Schaf und Ziegen mit.

Refrain: Gottes Haus…

3. Der Tempel wird zum Handelshof,
damit die Kasse stimmt.
Als Jesus Gottes Haus so sieht,
da ruft er sehr ergrimmt:
„Dies soll ein Haus zum Beten sein!
Was habt ihr euch gedacht?
Ihr habt zur Räuberhöhle hier
dies Gotteshaus gemacht!"

Refrain: Gottes Haus…

4. Dann stößt er Tisch und Stände um,
daß alles runterfällt:
die Souvenirs, die Waren all,
die Kassen mit dem Geld.
Er treibt das Vieh zum Tempel raus,
die Händler hinterher.
Da merkt ein jeder: Gottes Haus
ist jetzt kein Jahrmarkt mehr.

Refrain: Gottes Haus…

5. Die Kinder haben zugeseh'n,
sie seh'n, was Jesus tut.
Er säubert seines Vaters Haus,
und was er tut, ist gut.
Drum rufen alle Kinder laut:
„O König, sei gegrüßt!
Weil du der Herr des Himmels und
der ganzen Erde bist."

Refrain:

Gottes Haus, öffnet Tor und Tür!
Was von Gott uns trennt,
das werft hinaus.
Bleibt nur selber hier!

Veröffentlicht auf der LP Imp 1015 – Biblische Spiellieder zum Misereor-Hungertuch aus Haiti. Rechte beim impulse Musikverlag, Natorp 2, 4406 Drensteinfurt.

** Tauschangebote für die große Pause

Ein bunter Jahrmarkt der Möglichkeiten wird in Tauschangeboten dargestellt.

Was man sich wünscht, was man dagegen anbietet; unterschiedliche Wünsche; materielle Wünsche – Sehnsucht nach Liebe, Geborgenheit, Zufriedenheit.

Wer braucht eine schöne schwarze Rabenfeder und gibt mir dafür einen lila Strohhalm?

Wer tauscht eine Fahrradklingel gegen ein Blink-Rücklicht?

Brauche zweiten Trommelstock (Holz mit Lederband) – wer gibt ihn ab gegen (fast neuen) Rollschuh?

Suche dringend Fernglas! Biete: 200 nagelneue Stollen für Fußballstiefel (direkt ab Fabrik – von meinem Onkel Sepp H.).

Wer tauscht gebrauchten Roller gegen neuen Schulranzen? (Aber bitte vertraulich!)

Suche schon lange echte Pferdepeitsche (lederumwickelter Griff!), biete dafür kompletten Dreigang (Fichtel & Sachs).

Male nicht mehr. Farbkasten (praktisch neu!) gegen Dolch abzugeben.

Wer tauscht einen Hamster gegen eine (ältere) Katze?

Tausche fünf Bücher (zusammen ungefähr so dick wie ein Ziegelstein) gegen einen Propeller für ein Flugmodell.

Hab' ein echtes Hirschgeweih! Würde es für ein Jahr ausleihen gegen eine ausgestopfte Schlange. Wer hat so was und macht mit?

Meine blauen Skier sind mir zu klein. Wer möchte sie haben? Suche Plattenspieler!

Klapp-Kasperletheater (noch gut!) gegen Indianer-Ausrüstung – wer macht mit?

Biete sicheren Arbeitsplatz (Schule) gegen Reisebeutel und (guten!) Schlafsack!

Mehrere Klassenarbeiten (samt Noten!) abzugeben. Keine Gegenleistung.

Badehose mit amerikanischer Flagge abzugeben gegen russische Pelzmütze.

Wer tauscht mit mir? Habe Wut, Ärger, Angst, Traurigkeit, Lustlosigkeit – hätte gern: Spaß, Lust, Freude, Hoffnung...

Wer möchte mal tauschen mit mir? Habe drei kleinere Geschwister und Eltern, die beide arbeiten. Ich nehme jedes Angebot an.

Wer schreibt mir seine Träume?

Frieder Stöckle

Die Tauschangebote, die zunächst sehr witzig und lustig erscheinen mögen, sprechen letztlich von geheimen Wünschen, von der Suche nach Geborgenheit und Liebe. Sie drücken das aus, was Kinder sich wünschen könnten. Jedes einzelne Tauschangebot erzählt eine ganze Geschichte.

Vorschläge:

Die Tauschangebote auf einem hektographierten Blatt jedem Kind in die Hand geben. Unterscheiden nach materiellen und ideellen Wünschen. Herausstellen, daß auch die Angebote oft Dinge sind, die man einmal sehr gewünscht und vielleicht sehr gern gehabt hat, von denen man sich trennt, weil man vielleicht älter geworden ist oder andere Dinge für einen selbst wichtiger geworden sind.
Eine Liste weiterer Tauschangebote zusammenstellen. Jeder schreibt auf einen Zettel ein Tauschangebot. Dann werden die Angebote aufgehängt. Es kann auch geraten werden, von wem das jeweilige Tauschangebot stammt. Darüber sprechen, welches wohl die wichtigsten Dinge sind, die hier gewünscht oder angeboten werden.

* So ein Pech

Ein geplanter Ausflug fällt ins Wasser. Der Lehrerin gelingt es, trotzdem ihren Schülern einen erlebnisreichen Schultag zu ermöglichen.

Enttäuscht sein, weil etwas nicht realisiert werden kann, auf das man sich bereits gefreut hat; gegenseitige Hilfe beim Überwinden von Enttäuschungen.

„Wenn das Wetter morgen nur besser ist", rief Rita, als sie abends vor dem Schlafengehen noch einmal aus dem Fenster sah.
„Es sieht nicht so aus", meinte der Vater.
Seit dem frühen Morgen regnete es nun schon. Sooft Rita auch aus dem Fenster sah, es tropfte immer weiter. Am nächsten Tag wollte Rita mit der Gruppe einen Ausflug machen. Aber bei Regen würde es nichts werden.
Rita ging ins Bett und kroch ganz tief unter die Decke. Sie wollte von dem Regen gar nichts mehr hören.
Am nächsten Morgen wachte sie schon früh auf. Sie horchte. Tatsächlich, der Regen trommelte noch immer ans Fenster. Am liebsten wäre Rita im Bett geblieben.
Schließlich stand sie doch auf und ging zur Schule. Die anderen waren auch schon da. Alle machten ein trübseliges Gesicht. Eine schimpfte: „Scheißwetter!" *

In der Gruppe waren alle schlecht gelaunt.
„Nanu," sagte Frau Weber, „was macht ihr denn für Gesichter?"
„Es regnet doch!" riefen die Kinder.
„Das macht nichts", meinte Frau Weber. „Ich weiß ein paar neue Spiele, die wir in der Turnhalle machen können."
Zum Schluß gab es noch eine Geschichte. Und die Kinder durften eine Stunde früher nach Hause als sonst.
Beim Heimgehen meinte Kerstin: „Das war gut heute! Fast so schön wie ein Ausflug!"
„Aber morgen klappt es bestimmt mit dem Ausflug!" sagte Rita und schaute zum Himmel hoch.
Und wirklich! Die Wolken hatten sich verzogen, und die Sonne guckte schon wieder ein bißchen hervor.

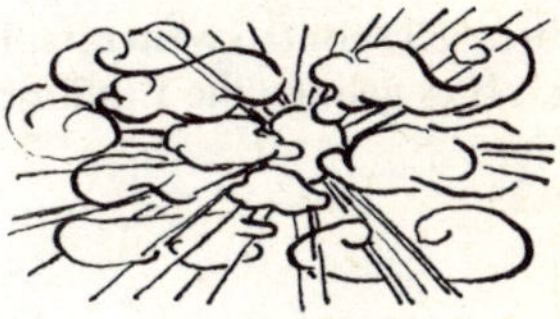

Elinor Lange

Der Text erzählt von einer Enttäuschung, mit der sich jedes Kind identifizieren kann, weil es sie selbst in ähnlicher Form erlebt hat. Er berichtet auch darüber, wie die Lehrerin sich bemüht, zusammen mit ihren Schülern diese Enttäuschung zu überwinden.
Anstoß: Von eigenen Enttäuschungen berichten und auch darüber, was man getan hat, um die Enttäuschung zu überwinden, wie einem andere geholfen haben, was man von anderen vielleicht erwartet hätte.

Möglichkeiten:

Ich hatte mich so auf den Schwimmunterricht gefreut, aber…
Ich dachte, im Diktat würde ich ein 2 bekommen, aber…
Eigentlich wollten wir…, aber…

Die Geschichte kann auch bis * gelesen werden. Dann suchen wir gemeinsam nach Lösungen, daß die Enttäuschung nicht gar so schlimm für alle ist.
Auch in einem kurzen Anspiel kann die erste Szene vorgestellt werden.
Spiel in verschiedenen Gruppen. Jede Gruppe soll sich eine Lösung erspielen und diese dann den anderen vorstellen.

Anspiel:

Rita kommt mit dem aufgespannten Regenschirm. Sie ist sehr ärgerlich.
Carsten begegnet ihr; er trägt einen Regenumhang.
Rita: Siehst du, jetzt regnet es!

Carsten: Ausgerechnet heute! Heute wollten wir den Ausflug machen!
Rita: Ich hatte mich schon so darauf gefreut.
Carsten: Meine Mutter hat mir gestern abend schon die Brötchen geschmiert und eingepackt!
Rita: Ich habe überhaupt keine Lust zur Schule!
Carsten: Aber wir müssen ja hin.
Rita: Immer, wenn man sich auf etwas freut, kommt etwas dazwischen.
Weitere Kinder kommen hinzu. Alle schimpfen.
Carsten: Kommt, beeilt euch! Frau Weber wird schon warten.
Rita: Auch egal! Ich bin sauer.
Carsten: Da kommt Frau Weber!
Frau Weber kommt.
Ab hier soll spontan weitergespielt werden. Im Spiel ergibt es sich, wie es weitergeht, ob es gelingt, die Enttäuschung zu überwinden.

*** Eine Fünf

Karin hat eine Fünf in der Arbeit geschrieben. Der kleine Lehrer hilft ihr, ihre Angst zu überwinden.

Leid und Not, Angst eines Kindes; Überwindung der Angst durch Verständnis, Vertrauen; besseres Verstehen von Kindern und Erwachsenen, wenn man aufeinander zugeht, aufeinander hört und einander ernst nimmt. Trost, Hilfe.

An diesem Mittwochmittag um 13.30 Uhr war der kleine Lehrer so in Sonntagsstimmung, daß er unbedingt noch einen kleinen Spaziergang durch die große Gesamtschule machen wollte.
Er setzte seinen gelben Hut auf, zog seine Jacke an, nahm sich einen frischen Apfel aus der Schublade und ging hinaus. Auf dem Flur blieb er eine Weile stehen, lauschte, und als er keinen Laut hörte, machte er sich auf den Weg. Weil er aber nur wenig Zeit hatte, bis die Putzfrauen kamen, beschloß er, schnurstracks zum Klassenraum der 3b zu gehen. Hier hatte es ihm am Morgen so gut gefallen, daß er unbedingt noch einmal dorthin wollte. Mit forschen Schritten durcheilte er den Flur und stürmte in das Klassenzimmer.
Dann blieb er wie erstarrt stehen. Alles hätte er erwartet, nur das nicht! Da saß die kleine Karin Juckow ganz allein. Sie hatte ihren Kopf auf den Tisch gelegt und schluchzte vor sich hin. Der kleine Lehrer konnte sich gut an

Karin erinnern. Es hatte ihm heute solchen Spaß gemacht, als er gesehen hatte, mit welchem Eifer sie am Quiz teilgenommen hatte. Sie war es auch gewesen, die als erste eine Teilaufgabe richtig gerechnet hatte. Der kleine Lehrer hatte sich richtig mitgefreut, als Karin dafür ihren Punkt erhalten hatte. Und jetzt saß sie da wie ein Häufchen Unglück und hatte schon die ganze Tischplatte naßgeweint. Ganz behutsam ging er auf sie zu.
Dem kleinen Lehrer tat es jedesmal leid, wenn Kinder weinten. Er war immer darum bemüht, die Kinder zum Lachen zu bringen. Wenn in seinem Unterricht einmal ein Kind weinte, konnte er wochenlang nicht richtig schlafen. Dann tat er alles, um das Kind wieder zum Lachen zu bringen. Einmal hatte er sogar einem Kind so lange Grimassen und Fratzen geschnitten, bis es laut losgelacht hatte.
Richtig verlegen war der kleine Lehrer geworden, als er hinter Karin stand. „Warum bist du so traurig?" fragte er endlich.
Sie zuckte zusammen. Sie hatte ihn nicht kommen hören. Dann schaute sie kurz auf. Doch danach sank ihr Kopf erneut auf die Tischplatte, und sie weinte noch heftiger.

Der kleine Lehrer rang verzweifelt die Hände. „Sag mir, was dich bedrückt!" versuchte er es noch einmal.
Karin weinte weiter.
„Wenn du mir nichts sagst, kann ich dir nicht helfen!" sagte der kleine Lehrer.
„Niemand kann mir helfen!" jammerte sie und fügte hinzu: „Ich gehe nicht nach Hause. Ich habe solche Angst!"
Da merkte der kleine Lehrer, daß Karin großen Kummer hatte. Deshalb sagte er ganz laut und deutlich: „Hör auf zu weinen!" Und weil Karin immer weiter schluchzte, sagte er noch lauter: „Hör endlich auf zu weinen! Ich kann dir helfen! Und ich werde dir helfen!"
Zuerst zuckte Karin zusammen, als sie die laute Stimme hörte. Aber dann blickte sie den kleinen Lehrer doch an und vergaß darüber für einen Augenblick das Weinen.
„Was ist los?" fragte der kleine Lehrer.
Schluchzend brachte Karin heraus, daß sie in der letzten Stunde eine Klassenarbeit zurückbekommen hatten. Karin hatte als einzige eine Fünf. Ihre Eltern waren sehr streng. Karin fürchtete, daß sie bestraft würde, wenn sie mit einer Fünf nach Hause käme. Deshalb wollte sie nicht heim.
„Zeig mir einmal dein Heft!" forderte der kleine Lehrer sie auf.
Mit zitternden Händen suchte Karin nach dem Arbeitsheft in ihrem Schulranzen.

Voller Mitleid stellte der kleine Lehrer fest, daß auch das Heft bereits feucht von Tränen war. Er nahm es in die Hand und blätterte darin herum. Dann schlug er die letzte vollgeschriebene Seite auf.
Wirklich, ganz unten stand mit rotem Kugelschreiber geschrieben:
Die Arbeit ist mangelhaft (5) Hain.
Der kleine Lehrer seufzte. Das war schlimm. Als er die kleine Karin anblickte, bemerkte er einen winzigen Hoffnungsstrahl in ihren Augen. Da fühlte er sich noch schlechter. Wenn das Kind solche Angst vor seinen Eltern hatte, dann mußten die Eltern schon sehr streng sein. Aber wie sollte er nur helfen?
Der kleine Lehrer wiegte bedächtig seinen Kopf hin und her. Dann strich er sich mit seiner rechten Hand über den Bart, drehte an seinem gelben Hut, doch es fiel ihm nichts ein. Es war zum Verzweifeln! Er wagte gar nicht, in Karins Augen zu schauen. Er fürchtete, sie könnte bemerken, daß er auch keinen Ausweg wußte. Obwohl er sich nicht sicher war, ob er in diesem Augenblick nicht log, sagte er noch einmal nachdrücklich: „Ich werde dir helfen!" *
Karin hatte aufgehört zu weinen. Sie holte ihr Taschentuch heraus, putzte sich die Nase und sah ihn erwartungsvoll an.
Der kleine Lehrer blätterte in dem Heft. Plötzlich stutzte er. „Das ist ja überhaupt die allererste Fünf, die du geschrieben hast!" stellte er fest.
Karin nickte.
„Das kann doch schließlich mal passieren!" sagte der kleine Lehrer. „Das kommt in den besten Familien vor!"
„Mein Vater sagt, das darf nicht vorkommen!" wandte Karin schüchtern ein.
Der kleine Lehrer nahm das Heft und ging damit an die Tafel. Er griff nach einem Stück Kreide und begann, die Noten, die in dem Heft standen, untereinander an die Tafel zu schreiben:

1
1
2
2
1
5

Dann zog er einen dicken Strich darunter und rechnete die Noten zusammen.
„Das macht zusammen zwölf", sagte er und schrieb eine dicke Zwölf unter den Strich.
Nun kam er wieder zu Karin zurück.

„Du konntest doch heute morgen so gut rechnen!"
Karin nickte.
„Dann rechne doch einmal aus: Zwölf geteilt durch sechs!" Karin hatte sofort das Ergebnis. „Das macht zwei!" rief sie. „Richtig! Sehr gut!" sagte der kleine Lehrer. „Du hast sechs Arbeiten geschrieben. Alle Arbeiten sind gut und sehr gut. Die eine Fünf macht überhaupt nichts aus. Du wirst trotzdem ein Gut im Zeugnis bekommen. Da kann sich doch dein Vater nicht über die eine Fünf aufregen!"
„Er tut es aber!" stellte Karin nüchtern fest. Leise fügte sie hinzu: „Ich hatte solches Bauchweh, daß ich nicht nachdenken konnte!"
„Und warum hast du deinem Lehrer nichts gesagt?" wollte der kleine Lehrer wissen.
Schüchtern antwortete Karin: „Ich habe mich nicht getraut!"
„Es ist schlimm, wenn die Kinder Angst vor ihren Lehrern haben. Sie lernen viel mehr, wenn sie Vertrauen zu ihnen haben, wenn sie ihnen alles sagen." Das sagte der kleine Lehrer aber so leise, daß Karin es nicht hören konnnte.
Er lachte sie an und sagte: „Paß auf, ich schreibe dir etwas in das Heft! Wenn dein Vater das liest, wird er bestimmt nicht böse sein! Ich verspreche es dir!"
Karin sah dem kleinen Lehrer mit großen Augen zu. Er holte nämlich einen ganz seltsamen Stift aus seiner Jackentasche, der in vielen Farben schillerte und leuchtete. Mit diesem Stift schrieb er in das Arbeitsheft:

> Lieber Herr Juckow,
> liebe Frau Juckow,
> diese Fünf gilt nicht! Ihre Tochter hat sie bekommen, weil sie Bauchweh hatte. Im Zeugnis wird sie eine Zwei haben. Unterschreiben Sie getrost und glauben Sie mir. Wenn Sie die Noten zusammenzählen, die Karin bisher geschrieben hat, kommt eine glatte Zwei heraus. Ich gratuliere Ihnen zu Ihrer Tochter.
>
> Der kleine Lehrer.

Er schob Karin das Heft zu und drängte sie, es schnell in ihren Ranzen zu stecken. Dann half er ihr noch beim Mantelanziehen und begleitete sie bis zum Ende des Flures. „Du mußt dich beeilen! Deine Eltern warten bestimmt auf dich!" sagte er ihr zum Abschied.
Karin flitzte los. Sie war dem kleinen Lehrer so dankbar.
Und der kleine Lehrer beeilte sich auch, schnell hinauf in sein Zimmer zu kommen. Er hatte nämlich schon die Stimmen der Putzfrauen gehört.

Der kleine Lehrer sollte recht behalten. Als der Vater die Arbeit sah, wollte er zunächst schimpfen. Doch dann las er, was der kleine Lehrer unter die Arbeit geschrieben hatte. Da mußte er sogar ein bißchen lachen. „Ihr habt aber wirklich nette Lehrer in der Schule!" meinte er und unterschrieb mit vollem Namen: Heinrich Juckow. Zu seiner Frau aber sagte er: „Wir sollten den Lehrer einmal zum Kaffee einladen. So nette Lehrer gibt es nur selten!"

Rolf Krenzer

Aus: Rolf Krenzer: Der kleine Lehrer. 1977 © Georg Bitter Verlag, Recklinghausen. Auch als Ravensburger Taschenbuch.

Der kleine Lehrer ist eine Märchengestalt, die sich darum bemüht, in einer großen und streßgeplagten Schule das Zusammenleben von Kindern und Lehrern für beide erträglicher, angenehmer und schöner zu machen.
Der Text kann bis * vorgelesen werden. Dann kann darüber diskutiert werden, ob der kleine Lehrer der Karin wirklich helfen kann, wie er helfen könnte. Kinder haben erfahrungsgemäß dabei viele gute Lösungsvorschläge, über die es sich nachzudenken lohnt. Danach kann der restliche Text angeboten werden.
Die märchenhaft angelegte Geschichte reizt gerade wegen der Verfremdung zum Eingehen auf die tatsächliche Situation Schule und zum gemeinsamen Überlegen, wie man diese Situation für alle angenehmer und besser gestalten könnte.

Anregungen:

Wir schreiben auf, wie wir unsere Schule wünschen, was wir von unseren Lehrern erwarten, was wir gern tun würden, wovor wir uns fürchten, was wir täten, wenn wir selbst Lehrer wären.
Anschließend sprechen wir gemeinsam darüber.

*** Noten für Lehrer Klaus

Diesmal gibt nicht der Lehrer die Noten, sondern die Kinder verteilen sie an den Lehrer.

Zusammenleben, ohne einander zu bewerten; miteinander leben; Traum von einem besseren Zusammenleben von Kindern und Erwachsenen durch besseres Verständnis füreinander.

Sehr geehrter Lehrer Klaus,
du teilst immer Noten aus:
Und im Zeugnis wird erfaßt,
wie du mich bewertet hast.
Ärgert's mich auch dann und wann,
ändern kann ich nichts daran.

Drum, geehrter Lehrer Klaus,
teile ich jetzt Noten aus:
Pünktlich warst du leider nicht,
kamst zu spät zum Unterricht
und bekommst deshalb von mir
hierfür nur die Note 4.

Sehr geehrter Lehrer Klaus,
wie sieht's denn im Rechnen aus?
Wie beim Teilen man verfährt,
hast du mir so schlecht erklärt,
daß ich es nicht rechnen kann.
Eine 5, geehrter Mann!

Sehr geehrter Lehrer Klaus,
wie sieht's denn im Schreiben aus?
Deine Schrift ist kaum zu lesen.
Ratlos bin ich oft gewesen.
Deshalb gebe ich dafür
leider nur 'ne schwache 4.

Wie, geehrter Lehrer Klaus,
sieht's mit Fleiß und Ordnung aus?
Wenn man das auch jetzt bestreitet:
Du warst oft nicht vorbereitet!
Und das Buch, in dem wir lesen,
hast du fünfmal selbst vergessen.
Deshalb sage ich mit Mut:
Fleiß und Ordnung auch nicht gut!

Doch, geehrter Lehrer Klaus,
teil' ich keine Noten aus.
Müssen wir als Schulgefährten
uns denn immer gleich bewerten?

Teilst du doch bei dir zu Haus
auch nicht immer Noten aus.
Man kann loben, man kann murren,
doch verteilt nicht gleich Zensuren.

Besser wär's, wenn alle Noten
wär'n für alle Zeit verboten.
Dann säh' alles besser aus,
sehr geehrter Lehrer Klaus!

Rolf Krenzer

Der Text soll gewiß nicht dazu anregen, nun selbst Noten für bestimmte Lehrer auszuteilen. Er soll aber dazu auffordern, sich einmal mit Kindern darüber zu unterhalten, warum es überhaupt Noten gibt, ob wirklich Menschen nach Noten beurteilt werden können und ob ganz bestimmte für den Menschen wichtige Dinge überhaupt benotet werden können, z. B. soziales Engagement, Sorge für den anderen, Liebe zum Nächsten usw.
Gerade der Religionslehrer könnte nach dem Lesen des Textes seinen Schülern einmal verdeutlichen, unter welchem Zwang und Druck der Lehrer selbst steht, der notwendigerweise – weil es unsere Schule eben so vorschreibt – Noten austeilen und damit – ohne daß er immer objektiv dazu überhaupt in der Lage ist – Menschen bewertet, d. h. auch über ihren ferneren Ausbildungs- und Lebensweg entscheidet. Dem Kind muß verständlich gemacht werden, welche Verantwortung ein Lehrer übernimmt, der kraft seines Amtes Weichen stellen muß. Ein offenes und ehrliches Gespräch kann zum Verständnis füreinander verhelfen … und vielleicht im Einzelfall die Schulsituation für beide – Lehrer und Schüler – etwas günstiger, weil verständnisbereiter, gestalten.

(Der Text ist als Kinderchanson auf der LP „Der grüne Zweig" im Peter Janssens Musikverlag, Telgte erschienen.)

*** Pit

Pit ist arbeitslos. Er ist kein Lehrer, aber er würde bestimmt ein guter Lehrer sein, weil er das Kind mit seinen Fragen ernst nimmt und Zeit für es hat.

Liebe zum anderen; Sorge für den anderen; gegenseitiges Vertrauen; Freundschaft zwischen einem Erwachsenen und einem Kind; Erziehung ist Beispiel und Liebe (Pestalozzi); den anderen mit dem Herzen suchen.

Wenn ich meine Schaukel höher einstellen will, frag' ich Pit.
Pit hilft mir auch, wenn ich in meinem Waldlager neue Pfosten einrammen muß.
Ohne Pit hätte ich meinen Beobachtungsstand in der Eichenkrone nie geschafft.
Pit zeigte mir, wie man aus alten Tüchern eine Strickleiter macht.
Als ich zum ersten Mal mein Fahrrad flickte, zeigte mir Pit, wie man das Loch findet, wenn es sehr klein ist.
Und Pit hatte auch die Idee mit dem Boot.
Ich wäre nie drauf gekommen, daß man mit einer alten Badewanne und zwei wasserdichten, leeren Eimern ein schönes Boot bauen kann. Wir haben es gebaut und sind im Anlagensee herumgefahren, bis wir vom Parkwächter vertrieben wurden.

Pit hat meinen Absatz wieder festgenagelt, den ich beim Fußballspielen verloren hatte.
Und weil wir nicht viel Geld haben, baute Pit mir eine Gitarre.
Die sechs Griffe, die ich inzwischen kann, und die Lieder hat mir auch Pit beigebracht.
Bei Pit lerne ich mehr als in der Schule.
Pit hat viel Zeit. Er ist arbeitslos.

Wenn ich könnte, würde ich Pit zum Lehrer machen und ihn mit in die Schule nehmen.
Aber das geht nicht. Erstens habe ich nichts zu sagen.
Und zweitens ist Pit ein Arbeiter ohne Berufsausbildung.
Von mir aus könnte Pit sogar Bürgermeister sein. Ich glaube, daß er mehr versteht als die

meisten in der Schule oder im Rathaus.
Pit ist manchmal traurig. Ich würde ihn gerne trösten.
Auf Pit kann man zählen.

Frieder Stöckle

Ein Text, der mehr über Erziehung aussagt als mancher umfangreiche Lehrplan, weil hier am Beispiel deutlich wird, daß aus dem vertrauensvollen Miteinander einer vom anderen mehr lernt als in Schulbüchern steht.
Was hier dargestellt wird, ist Lernen in einer emotional erspürbaren schönen Situation, Lernen im Erlebnis mit dem anderen Menschen.
Es ist Erziehung zum wirklichen Menschwerden, eine zarte Darstellung dessen, was Glück, Zufriedenheit, Vertrauen bedeuten kann.
Man kann mit Kindern darüber sprechen, ob das, was man bei Pit lernt, wirklich so wichtig ist, ob man es in der Schule verwenden kann ... oder, ob es viel mehr ist als das, was wir in der Schule lernen.
Der Text kann in seiner schlichten Sprache auch darüber zum Nachdenken bringen, was es heißt, miteinander zu leben, Verantwortung für den anderen zu übernehmen; am Leben des anderen teilzunehmen, teilzuhaben, zu geben und zu empfangen, sich mitzufreuen, aber auch mitzuleiden.
Man kann die Kinder auffordern, Bilder zu malen von dem, was man mit Pit alles erleben kann und erleben möchte.

* Kinder-Lärmsong

Ich freue mich, weil ich so viel kann. Ich freue mich, weil Gott mich so geschaffen hat, wie ich bin. Mit meiner Stimme, mit Händen und Füßen, mit meinem ganzen Körper kann ich mich freuen.

Ich kann etwas; ich bin lebendiger Teil der Schöpfung Gottes; Spiellied, bei dem alle mitmachen können.

T: Rolf Krenzer
M: Ludger Edelkötter

2. Alle Kinder können so laut singen…
3. Alle Kinder können so laut klatschen…
4. Alle Kinder stampfen mit den Füßen…
5. Alle Kinder können so hoch springen…
6. Alle Kinder geben sich die Hände…
7. Alle Kinde können so laut brüllen…
8. Alle Kinder können ganz leis flüstern…
9. Alle Kinder können so laut lachen…
10. Alle Kinder bellen wie die Hunde…

Die einzelnen Strophen dieses Spielliedes werden mimisch, gestisch und pantomimisch gestaltet. Dazu können spontan weitere Strophen erfunden und dann von allen gesungen und gespielt werden, z. B. Alle Kinder können so gut krabbeln, streicheln, spielen, schreiben, schnalzen.

3.

Wir feiern heut ein Fest

Der Sonntag, der Feiertag

* Wir feiern heut ein Fest

Spiellied zum Gottesdienst

Der Gottesdienst ist ein Fest, zu dem wir von Gott immer wieder neu eingeladen werden.

T: Rolf Krenzer
M: Ludger Edelkötter

Wir feiern heut ein Fest
und singen miteinander.
Wir feiern ein Fest,
weil Gott uns alle liebt.
Herein, herein,
wir laden alle ein.

…und gehn herum im Kreise.

…wir essen und wir trinken.

… wir sprechen miteinander.

Wir feiern heut ein Fest
und geben uns dem andern…

Wir feiern heut ein Fest
und finden uns im andern.
Wir feiern ein Fest,
weil Gott uns alle liebt.
Herein, herein,
wir laden alle ein.
Herein, herein,
wir laden alle ein.

Die Aufforderungen der einzelnen Strophen werden in gemeinsames Tun umgesetzt.
Je nach Situation können weitere Strophen dazu erfunden werden:
…wir beten miteinander
…wir danken miteinander
…wir tanzen miteinander

** Gottesdienst

In der heiligen Messe, im Gottesdienst erfahren wir, wie lieb Gott uns hat.
Wir freuen uns an diesem Fest, zu dem uns Gott Sonntag für Sonntag immer wieder einlädt.

Sonntag ist der Tag des Herrn;
Feier der heiligen Messe.
Wir hören Gottes Wort.

„Komisch ist das!“ meint Ronny und schaut seinen Vater an. „Wenn du morgens in der Woche zum Dienst gehst, bist du oft schlecht gelaunt. Aber sonntags machst du ein ganz anderes Gesicht, wenn du zum Dienst gehst.“
Der Vater fragt erstaunt: „Am Sonntag habe ich doch überhaupt keinen Dienst!“
„Er meint den Gottesdienst!“ ruft die Mutter und lacht.

Jetzt muß auch der Vater lachen. „Das ist doch etwas ganz anderes!“ sagt er. „Und warum heißt es genauso?“ fragt Ronny.
Da erklärt ihm sein Vater, daß nicht die Menschen Gott im Gottesdienst dienen, sondern daß Gott selbst es ist, der am Sonntag den Menschen, die er lieb hat, dienen will.
„Und wie tut er das?“ fragt Ronny ganz erstaunt.
„Nun, er lädt uns alle ein, in das Gotteshaus zu kommen und sein Wort zu hören. Und wenn wir zusammen sind, singen und beten wir. Wir erfahren es jeden Sonntag, daß Gott uns lieb hat!“
„Es ist ein richtiges Fest!“ sagt die Mutter leise. „Ein Fest, zu dem wir von Gott eingeladen sind. Wir hören von Jesus, loben und danken und feiern zusammen.“
Ronny denkt nach. Dann sagt er: „Am schönsten und feierlichsten ist es, wenn der Priester von dem heiligen Mahl erzählt, das Jesus mit seinen Jüngern gehalten hat. Und wenn wir dann alle zu ihm gehen und die Hostie empfangen!“
Er blickt unter sich und sagt dann: „Ja, das ist richtig feierlich…
Das ist dann eine richtige Feier!“
„Deshalb FEIERN wir auch zusammen die heilige Messe!“ sagt der Vater. „Deshalb feiern alle Christen auf der Welt sonntags den Gottesdienst!“
„Und das ist jeden Sonntag so?“ fragt Ronny weiter. „Hat es noch niemals einen Sonntag gegeben, an dem kein Gottesdienst war?“
„Nein“, antwortet die Mutter, „seit es Christen gibt, feiern sie jeden Sonntag ihren Gottesdienst.“
„Aber Müllers Camillo geht auch zum Religionsunterricht. Er geht aber nicht jeden Sonntag zur Kirche. Und seine Eltern auch nicht!“
Nachdenklich sagt der Vater: „Alle sind von Gott eingeladen! Gott befiehlt nicht, daß alle zum Gottesdienst kommen. Aber er lädt alle ein!“
„Das ist bei deinem anderen Dienst in der Woche ganz anders!“ meint Ronny und blickt seinen Vater verständnisvoll an.
„Bei deinem auch!“ lacht der Vater. „Morgen früh mußt du auch wieder zur Schule! Da bist du nicht nur eingeladen, nein, da mußt du hin!“

Dagmar Domina

Die Geschichte regt an, sich über den Gottesdienst zu unterhalten, wie er entstanden ist und wie er gefeiert wird. Unterschiedliche Gottesdienstformen können aus Erlebnissen heraus miteinander verglichen werden, z. B. ein Kindergottesdienst, ein Familiengottesdienst, die Messe, eine Andacht, ein Schulgottesdienst. Kinder können auch aufschreiben, zeichnen und malen, was ihnen im Gottesdienst am besten gefällt und worüber sie sich am meisten freuen.

** Zum Beispiel: Ein großes Fest

Gleichnis zum großen Festmahl — Lukas 14,15–24

Jesus sagt:
„Viele Menschen hören Gottes Nachricht.
Sie hören, was ich ihnen erzähle,
aber sie kümmern sich nicht darum.
Alle sind eingeladen.
Gott lädt alle Menschen ein."

Jesus erzählt:
Ein Mann hatte zu einem großen Fest eingeladen.
Aber viele entschuldigten sich:
„Ich habe ein Grundstück gekauft. Das muß ich mir ansehen!"
„Ich habe viel Vieh gekauft. Da kann ich jetzt nicht fortgehen!"
„Ich habe heute Hochzeit. Da kann ich nicht kommen!"
Viele waren eingeladen, aber nicht ein einziger kam.
Da sagte der Mann zu seinem Diener:
„Laufe auf die Straße und hole alle zu meinem Fest.
Lade alle ein, die du findest!"
Da kamen die Armen und die Behinderten,
die Blinden, die Geistigbehinderten, die Körperbehinderten,
all die, die sonst nie zu einem Fest eingeladen werden.
Aber es war immer noch Platz da.
Da holte der Diener die Leute von überall her.
Da kamen die, mit denen die anderen
sonst nichts zu tun haben wollen.
Alle waren eingeladen.
Und es kamen viele.

Der Mann aber sagte: „Von den Gästen, die ich zuerst
eingeladen habe, darf keiner mehr an dem Fest teilnehmen!"

Lukas 14,15–24, neu erzählt von Rolf Krenzer

Die Erarbeitung kann im Spiel geschehen, auch spontan durch ein einfaches Spiellied.

*** Spiel: Das große Fest

Spieldauer: 15–20 Minuten.

Spieler: Mann, Diener und Dienerinnen, alle, die mitspielen wollen.

Spielmöglichkeiten: Spiel im Halbkreis – Spiel auf der Bühne, drinnen und draußen – Spiel im gottesdienstlichen Raum – Puppenspiel – Hörspiel.

Bühnenbild: Großer langer Tisch mit Stühlen, eventuell Zimmereinrichtung.

Requisiten: Kostüme sind nicht erforderlich. Tischdecken, Servietten, Besteck, Teller, Kuchen, Kaffeekanne usw. Alles, was man zu einem Festmahl braucht.

Praktische Vorbereitungen: Das Spiel kann nach dem Erzählen der Geschichte nach und nach entwickelt werden, wobei die spontanen Spieleinfälle und Dialogvorschläge der Spieler angemessene Berücksichtigung finden sollten.
Im Gottesdienst kann das Spiel als Anspiel zu einem gemeinsamen Mahl (Abendmahl) eingesetzt werden, ebenfalls bei Familienfreizeiten usw. Gerade hier hat es sich gezeigt, daß eine Mahlzeit im Anschluß an einen Familiengottesdienst sinnvoll angeschlossen werden kann. Ähnliche Möglichkeiten ergeben die Spiele von Zachäus und das Spiel vom verlorenen Sohn.

Spieltext:

Der Mann betritt die Spielfläche. Er schaut sich überall um. Dann klatscht er in die Hände.

Diener eilt herbei.

Mann: Wir müssen uns beeilen. Ich erwarte viele Gäste.
Helft alle, damit es ein schönes Fest wird.

Dienerin kommt mit Tischtüchern.

Dienerin: Ich decke die Tische.
Diener: Ich hole die Servietten.

Er läuft davon, kommt mit den Servietten wieder, hilft beim Tischdecken.

2. Dienerin: Hier sind die Teller!

Sie stellt die Teller auf die Tische.

Mann: Gabeln, Löffel und Messer brauchen wir auch!

Er läuft und holt die Bestecke, legt sie auf dem Tisch aus.

Mann: Ist das Essen vorbereitet?
Dienerin: Es ist bald fertig. Es gibt ein gutes Essen!
Mann: Es soll ein schönes Fest werden. Alle sollen sich freuen!

Zweiter Diener bringt ein Tablett mit Kuchen.

2. Diener: Der Kaffee ist auch bald fertig!
Mann: Jetzt müßten die Gäste kommen.
Schaut nach, ob sie kommen!

Diener und Dienerin gehen davon, kommen bald zurück.

Diener: Ich habe niemand gesehen!
Dienerin: Ich auch nicht!
Mann: Seltsam.

Er geht unruhig auf und ab.

Mann: Habt ihr auch alle Einladungen abgegeben?
Diener: Ja!
Dienerin: Ganz bestimmt!
Mann: Seltsam!

Er blickt auf seine Armbanduhr.

Mann: Es wird immer später!
Diener: Der Tisch ist gedeckt!
Dienerin: Der Kuchen steht auf dem Tisch!
2. Diener: Und der Kaffee ist fertig!
2. Dienerin: Wo bleiben nur die Gäste?
Mann: Lauf zu den Gästen! Frage, wann sie kommen!

Diener läuft davon.

Mann: Lauft alle. Fragt, warum die Gäste noch nicht da sind.

Die Dienerschaft läuft davon. Der Mann setzt sich auf den Stuhl hinter dem Tisch, blickt immer wieder auf die Uhr, trommelt nervös auf der Tischplatte.

Mann: Seltsam! Seltsam! Sie müßten doch schon lange hier sein.
Alles ist für das große Fest vorbereitet!

Diener kommt.
Mann springt auf.

Mann: Was ist los?
Diener: Herr Schmidt läßt sich entschuldigen! Er hat leider keine Zeit!
Dienerin: Herr Schneider hat ein Stück Land gekauft.
Das muß er sich jetzt unbedingt ansehen.
Er kann leider nicht kommen.
2. Diener: Herr Müller will sich ein neues Auto kaufen.
Deshalb muß er dringend zum Autohändler.
Er läßt sich entschuldigen.
2. Dienerin: Frau Steigner hat etwas Kopfschmerzen.
Sie kann deshalb nicht kommen!
Mann: Und die anderen?
Diener: Frau März muß einen dringenden Besuch bei ihrer Freundin machen.
Der Besuch läßt sich nicht aufschieben.
Dienerin: Frau Klein erwartet einen dringenden Telefonanruf.
Sie muß deshalb leider zu Hause bleiben.
2. Diener: Herr Weber muß noch dringend zum Frisör.
Er hat einen Termin, den er nicht verschieben kann.
2. Dienerin: Frau Wacker hat gar nicht aufgemacht, als ich geklingelt habe.
Diener: Herr Schön hat geheiratet. Er feiert selbst ein Fest.
Mann: Sie kommen nicht!
Sie kommen also alle nicht!
Dienerin: Was sollen wir nur machen?
Was wird mit unserem großen Fest?
Diener: Der Tisch ist gedeckt.
2. Dienerin: Der Kuchen ist gebacken.
2. Diener: Und der Kaffee ist fertig!

Mann: Wir werden das Fest feiern!
Lauft schnell auf die Straße. Holt alle herbei, die ihr trefft.
Ladet sie alle zu meinem Fest ein!
Diener: Alle, die wir treffen?
Mann: Alle!
Ich werde selbst mitgehen!
Wir müssen uns beeilen, sonst wird der Kaffee kalt.
Das aber sage ich euch:
Von den Gästen, die ich eingeladen habe, kommt jetzt keiner mehr an meinen Tisch!

Sie gehen los. Sie gehen in den Raum hinein und laden zum Essen ein. Sie reichen die Hand und sagen:

Kommt zum großen Fest! Ihr seid herzlich eingeladen.
Kommt! Es gibt Kaffee und Kuchen!

Nach und nach finden sich alle an der Tafel ein.

Der Kaffee wird herumgereicht und eingegossen. Der Kuchen wird verteilt. Alle essen und trinken.

Rolf Krenzer

Aus: Rolf Krenzer, Wir spielen Theater, Band 2, Edition Kemper, Verlag Ernst Kaufmann, Lahr.

Im Anschluß kann das Lied „Wir feiern heut ein Fest“ (Seite 103) oder „Laßt uns feiern, laßt uns lachen“ (aus: Josef zwischen Wohlstaat und Armewelt, Peter Janssens Musikverlag, Telgte) oder ein anderes Festlied gesungen werden.

** Spiellied vom großen Festmahl

Im Spiellied vom großen Festmahl geht ein Mann im Kreis herum und fragt die Menschen, ob sie seine Gäste sein wollen.
Zuerst bleibt er vor einem stehen, der keine Zeit hat, weil er gerade heute sein Grundstück kaufen will.

Das Lied wird von einigen oder allen gesungen. Zu den einzelnen Strophen wird dann pantomimisch dargestellt, was im Text ausgesagt wird.

Ein Mann tritt mitten in den Kreis. Er geht zu einem Mitspieler und lädt ihn ein. Doch sogleich beginnt dieser gemeinsam mit anderen (zum Lied, das von den anderen gesungen wird) sein Grundstück abzumessen. Er kommt also nicht.

** Willst du mein Gast beim Festmahl sein?

T: Rolf Krenzer
M: Ludger Edelkötter

Der Mann geht weiter und bleibt wieder vor einem anderen stehen. Doch der hat auch keine Zeit. Er muß sich um sein Vieh kümmern. Schafe, Hunde, Katzen, Pferde, Kühe, Enten und Gänse laufen plötzlich herum und geben ihre Laute von sich. Da läuft der Eingeladene zur entsprechenden Strophe hinter seinem Vieh her und läßt den Mann einfach stehen.

2. Willst du mein Gast beim Festmahl sein?
Recht schönen Dank! Doch leider nein!
Mein Vieh! Die Arbeit! Sie verstehn!
Drum kann ich heut,
kann ich heut,
kann ich heut, heut nicht gehn!

Der Mann geht weiter. Jetzt kommt er zu einem, der gerade Hochzeit feiert. Da ist viel los. Und nun soll auch noch ein Hochzeitsfoto gemacht werden. Da stellen sich alle zum Hochzeitsbild auf und nehmen Braut und Bräutigam in die Mitte. Der Fotograf knipst, dann geht der Hochzeitszug los. Und der Mann steht nur noch im Wege.

3. Willst du mein Gast beim Festmahl sein?
Recht schönen Dank! Doch leider nein!
Wir feiern Hochzeit! Sie verstehn!

Drum kann ich heut,
kann ich heut,
kann ich heut, heut nicht gehn!

Der Mann geht weiter. Aber wohin er auch kommt, keiner folgt seiner Einladung. Plötzlich haben alle, an die er sich wendet, viel zu tun, z. B.: Teppich klopfen, mit dem Staubsauger saugen, Schreibmaschine schreibem, waschen, putzen, fegen, ein Bild aufhängen, mit dem Auto fahren, einen Fahrradschlauch flicken, im Garten arbeiten usw.
Einsam und traurig steht der Mann inmitten all dieser Geschäftigkeit. Da geht er langsam zurück zu seinem Tisch, der bereits für das Festmahl vorbereitet und geschmückt ist.

4. Willst du mein Gast beim Festmahl sein?
Recht schönen Dank! Doch leider nein!
Ich hab zu tun! Es tut mir leid!
Hab keine Zeit,
keine Zeit,
keine Zeit, keine Zeit!

5. So lädt der Mann zum Festmahl ein
und steht am Ende ganz allein.
Die feinen Gäste, Sie verstehn,
die lassen sich,
lassen sich,
lassen sich hier nicht sehn.

Noch einmal geht der Mann hinaus. Er geht durch die Reihen und durch den Kreis und bleibt vor dir und mir stehen. Wir geben ihm die Hand und lassen uns einladen. Zum Schluß finden wir uns alle beim Festmahl ein.

6. Da geht der Mann nochmal hinaus
und fragt die Leute vor dem Haus.
So steht er plötzlich auch vor dir
und fragt: Kommst du,
sag, kommst du,
sag, kommst du auch zu mir?

7. Willst du mein Gast beim Festmahl sein?
Ich lade dich ganz herzlich ein!
Komm, sei mein Gast und tritt herein!
Was ich hab,
ist auch dein!
Was ich hab, ist auch dein!

(Diese Strophe kann beliebig oft wiederholt werden.)

8. Die krank und arm und dumm und klein,
die lädt der Mann zum Festmahl ein.
Den andern aber, Sie verzeihn,
sagt er nein,
einfach nein,
sagt er nein, einfach nein!

* Sabine wird getauft

Markus ist dabei, als seine kleine Cousine getauft wird.

Taufe; wie wird getauft? Wie verhalte ich mich in der Kirche? Die Taufe als Zeichen für das Leben in Christus und für die Zugehörigkeit zu seiner Gemeinde (Matthäus 3,13; Johannes 3,5 Apostelgeschichte 2,38)

Markus ist ganz aufgeregt.
Heute soll Sabine getauft werden. Sabine ist seine Cousine. Sie ist gerade sieben Wochen alt.

Markus ist zur Taufe eingeladen. Er geht mit seinen Eltern in die Kirche. Da sind viele Leute. Es sollen noch mehr Kinder getauft werden.
Markus setzt sich ganz nahe zu seiner Tante Rosel. Die Tante hält die kleine Sabine auf dem Arm.
„Willst du sie einmal halten?" fragt sie leise.
Markus nickt. Da legt Tante Rosel ihm das kleine Mädchen ganz behutsam in die Arme. Markus paßt gut auf, daß er das Köpfchen richtig hält. Er sitzt ganz still und traut sich kaum zu atmen.
Jetzt kommt der Pfarrer. Er lächelt freundlich und gibt allen die Hand. Dann geht er zu dem Taufstein.
Zuerst wird ein kleiner Junge getauft. Er heißt Daniel.
Dann ist Sabine an der Reihe.
Die Mutter nimmt Markus das Mädchen vorsichtig aus dem Arm und trägt es zu dem Pfarrer hin. Markus ist sehr stolz. Seine Mutter ist jetzt Sabines Patentante.
Der Pfarrer gießt ein bißchen Wasser über Sabines Kopf.
Er sagt: „Ich taufe dich im Namen des Vaters, des Sohnes und des Heiligen Geistes. Du heißt Sabine Kersting. Sabine, Gott hat dich lieb!"
Dann spricht er zu den Eltern und zu den Paten. Er trocknet Sabines Kopf vorsichtig mit einem Handtuch ab. Sabine schaut ihn mit großen Augen an. Sie ist ganz still.
Jedes Kind hat einen Namen. Zu jedem Kind sagt der Pfarrer bei der Taufe: „Gott hat dich lieb!"
Dann spricht der Pfarrer ein Gebet. Alle Leute beten mit. Danach singen sie ein Lied.
Nach der Kirche holt Markus seinen Fotoapparat und knipst die kleine Sabine in ihrem Taufkleid. Dann darf er Sabine auf dem Arm halten, und Onkel Hans knipst.
Aber nun sagt Tante Rosel: „Beeilt euch. Wir wollen doch zu uns nach Hause fahren und Sabines Taufe feiern!"
Da merkt Markus, daß er Hunger hat. Er freut sich auf das gute Essen. Bestimmt wird es auch Kuchen und Torte geben.

Rolf Krenzer

Im Gespräch kann herausgearbeitet werden, was bei der Taufe geschieht, was die Taufe bedeutet, warum Christen getauft werden und welche Aufgaben die Taufpaten übernehmen. Kind und Mutter werden gesegnet. Das wird in dem Text nicht erzählt. Deshalb kann nachgefragt werden, ob jemandem aufgefallen ist, was in der Geschichte fehlt.

Weiterführung: Die Bedeutung der Taufe. Vergleich zu Matthäus 3,13–17. Darüber sprechen, welche Bedeutung die Taufe für den Christen hat. Auch Jesus wurde getauft.
Hinweis auf den Namenstag.
Bei der Taufe wird das Kind mit seinem Namen Gott anvertraut.
Bei dem folgenden Tauflied kann jeder seinen Namen sagen oder singen.

* Ich habe einen Namen

Klavierauszug

T: Rolf Krenzer
M: Peter Janssens

2. Ich heiße Dorothee, und ich bin getauft.
Ja, du heißt Dorothee, und du bist getauft.

3. Wir haben einen Namen, und wir sind getauft.
Wir haben einen Namen, und wir sind getauft.

4.

So einfach ist das

Geschichten vom Nachmittag,
von der Freizeit und vom Urlaub

* So einfach ist das

Spontan und ohne Vorbehalte zeigt Sabine ihrem Bruder, wie einfach es sein kann, ein scheinbar schwieriges Problem zu lösen.

Dem anderen helfen, spontan und unkompliziert.

Thomas sitzt in der Ecke des Zimmers und langweilt sich. Ihm fällt nichts ein, was er spielen kann. Puh, ist das langweilig!
Da kommt Sabine herein. Sabine ist Thomas' Schwester.
„Nanu, was machst du denn da?" fragt sie.
„Gar nichts!" brummt Thomas. „Ich langweile mich!"
„Wir haben doch den großen Baukasten", meint Sabine. „Willst du nicht mit dem was bauen?"
„Allein ist es zu langweilig…", murrt Thomas. „Und zu zweit haben wir keinen Platz!"
„Doch!" lacht Sabine. „Wir schieben den Tisch weg. Dann können wir eine Stadt bauen!"

„Du hast immer Ideen!" sagt Thomas und muß lachen. „Wirklich tolle Ideen!"
Bald sind beide in ihr Spiel vertieft. Ehrlich, es wird eine wunderschöne Stadt!

Elinor Lange

So einfach kann ein gutes Zusammenleben sein, wenn man statt über Probleme zu reden einfach zu handeln beginnt. Bestimmt können Kinder aus ihrem eigenen Erfahrungs- und Erlebnisbereich weitere Geschichten beisteuern.

Es können auch für ein Stegreifspiel Problemstellungen angeboten werden, die dann im Spiel unterschiedlich gelöst werden können, z. B.
- Ein Riesenfleck auf dem sauberen Tischtuch
- Drei Äpfel für vier Kinder
- Die Kartoffeln sind angebrannt...

** Die Rollschuhe

Susanne hat Pech beim Rollschuhlaufen, aber sie gibt nicht auf. Weil ihre Beine bereits lädiert sind, probiert sie es mit einem Schaumstoffpolster.

Etwas wagen, wenn auch bereits weniger gute Erfahrungen vorliegen; Mut, Selbstvertrauen; neue Lösungen für ein altes Problem suchen.

In der Garderobe unter dem Kleiderständer liegen Susannes Rollschuhe. Susanne steht davor und zupft sich am Kleid. Soll sie es nochmal probieren?
Vorgestern hatte sie die Rollschuhe zum Geburtstag bekommen, hatte sie gleich ausprobiert und war dabei böse hingefallen. Und dann am nächsten Tag wieder. Beide Knie waren verpflastert.
„Wir packen die Rollschuhe vorerst wieder weg", hatte die Mutter gesagt. „Du bist vielleicht doch noch zu klein..."
Jetzt stand Susanne da und überlegte. Sie spürte die Heftpflaster auf den Knien und hatte wieder ihre Stürze vor sich.
Einmal war sie über einen kleinen Stein gefahren. Der hatte sie aus dem Gleichgewicht gebracht, und sie war hingestürzt.
Beim zweiten Sturz fiel sie auf den Rücken. Das hatte ziemlich weh getan.
Jetzt rief die Mutter aus der Küche. Das Essen war fertig.
Susanne stieß mit ihrer Sandale vorsichtig einen der beiden Rollschuhe an. Dabei drehte sich eines der gummibeschichteten Rädchen mit surrendem Geräusch. Sollte sie es heute nochmal probieren?
Susanne faßte sich an die Knie. Die beiden Platzwunden taten immer noch ziemlich weh.
„Susanne, kommst du endlich?" Die Mutter wurde ungeduldig.
Mit der Fußspitze setzte Susanne jetzt auch noch die Hinterrädchen in Bewegung. Glattes, leises Surren. Gut gelagert drehten sich die Rädchen. Wie mußte man es anstellen, daß man nicht dauernd umkippte? *
Neben den Rollschuhen lag ein altes Sitzkissen auf dem Fußboden. Der Stoffüberzug war an einer Seite aufgeschlitzt und die Schaumstoffmatte lugte gelblich hervor.

„Susanne, los jetzt! Dein Essen wird schon kalt!"
Ob man damit wohl was machen könnte? Susanne zupfte die Schaumstoffmatte vollends heraus und überlegte. Mit einem Einweckgummi konnte man sich die Matte um die Knie befestigen.
„Bitte Susanne!"
Ja, so mußte es gehen! Gleich nach dem Essen wollte Susanne ausprobieren, wie man damit fahren konnte. Sie nahm das Sitzkissen mit in die Küche. Und obwohl die Mutter schimpfte, löffelte Susanne gespannt und mit freudig erregtem Gesicht ihre Suppe. „Was hast du denn?" fragte die Mutter überrascht.
„Ich will was ausprobieren", deutete Susanne geheimnisvoll an.
„Und dazu brauche ich Gummiringe. Hast du Gummiringe?"

Frieder Stöckle

Die Geschichte entspricht dem direkten Erfahrungsbereich der angesprochenen Kinder. So viele Tätigkeiten, die dann beherrscht werden, mußten von uns allen oft mühsam und auch mit einigem Schmerz erlernt werden, z. B. das Fahrradfahren, das Umgehen mit dem Messer, das Schwimmen…
Der Text regt dazu an, selbst zu berichten, welche Erlebnisse und Erfahrungen jeder einzelne gehabt hat und wie er auf seine Weise versucht hat, diese Probleme zu lösen. Als Bilderbuch wird auf Astrid Lindgren: „Lotta kann radfahren", Oetinger, Hamburg, verwiesen.
Besonders reizvoll wird das Gespräch, wenn man bei * abbricht und die Kinder selbst mögliche Lösungen suchen läßt.
Hinweise auf Menschen, die auch verzagten, aber mit Gottes Hilfe sich nicht entmutigen ließen.
- Noah ließ sich nicht beirren, als ihn die anderen auslachten. Er baute die Arche, die ihn und die Tiere schließlich vor dem Ertrinken rettete.
- Die arme Frau sucht so lange nach ihrem Groschen, bis sie ihn findet. Sie gibt nicht auf und läßt sich nicht entmutigen.
- Der Hirt sucht sein Schaf, das er verloren hat. Er gibt nicht auf, bevor er es gefunden hat.

* Enttäuscht von Frau Haase

Obwohl sich die kleine Sabine höflich und richtig verhält, zeigt sich die Nachbarsfrau wenig verständnisvoll und hilfsbereit.

Konfrontation Kinder – Erwachsene; Kindersorgen; nicht immer verständnisvolle Erwachsene; „Kein Herz für Kinder."

Sabine spielt auf dem Hof hinter dem Haus mit ihrem großen bunten Ball. Sie wirft ihn an die Wand und fängt ihn wieder auf. O weh! Sabine hat zuviel Schwung gehabt. Der Ball ist in den Garten vom Nachbarhaus geflogen. Was nun?

Zaghaft geht Sabine zum Gartentor und klinkt es auf. Da sieht sie Frau Haase aus der Haustür kommen.

„Was willst du denn hier?" fragt sie.

„Entschuldigen Sie", sagt Sabine.

„Mein Ball ist über den Zaun geflogen; ich möchte ihn wieder holen."

„Kannst du nicht aufpassen?" schimpft Frau Haase.

„Euer Hof ist doch groß genug."

Vorsichtig geht Sabine den Weg entlang. Richtig, da liegt der Ball am Rand von einem Blumenbeet.

„Paß auf", ruft Frau Haase, „du zertrittst mir die Tulpen!"

Sabine angelt sich ihren Ball und läuft schnell in den Hof zurück. Frau Haase schimpft noch immer. Sabine geht ins Haus. Sie hat keine Lust mehr zum Spielen.

Elinor Lange

Wenn man nach dem Vorlesen der Geschichte den bekannten Aufkleber „Ein Herz für Kinder" zeigt oder nur diesen Satz aufschreibt, wird sich sogleich eine rege Diskussion über das Verhalten von Frau Haase entwickeln. Ältere Kinder können von der Kinderfeindlichkeit berichten, die sie bestimmt schon erfahren haben. Hinzu kommt der Mangel an geeigneten Spielplätzen, an Kinderzimmern usw. Die Geschichte macht in ihrer einfach gestalteten Sprache bereits deutlich, wie und wo sich die Bedürfnisse einer Erwachsenenwelt mit denen der Kinder treffen.

Aber es reicht nicht, diesen Zustand durch weitere Beispiele nur zu beschreiben, sondern es sollte nachgefragt werden, warum sich Frau Haase so verhält, ob sie vielleicht Ärger oder Kummer hat, was Sabine tun kann, um künftig vielleicht ein besseres Verhältnis zu der Nachbarin zu ermöglichen.

Gerade im Freizeitbereich ergibt sich die Konfrontation von Kindern mit Erwachsenen, die nur durch gegenseitige Rücksichtnahme erleichtert werden kann.

Mögliche Weiterführung:

Wie kommst du mit deinen Nachbarn aus?
Gute Kontakte – weniger gute Kontakte.
Wie kann man zu einem guten nachbarschaftlichen Zusammenleben kommen?
Ordnungen für das Zusammenleben.

** Der Karpfen

Die Logik des kleinen Thomas steht nicht ganz im Einklang mit der Logik der Erwachsenen.
Thomas lernt, daß es nicht immer gut ausgeht, wenn man spontan und nach eigenem Gefühl und Gutdünken in den Arbeitsgang eines anderen Menschen eingreift.

Konfrontation Kinder – Erwachsene. Zuerst überlegen, beobachten, dann erst handeln; Möglichkeiten, mit anderen gut auszukommen, dargestellt am negativen Beispiel als Gesprächsimpuls.

Thomas steht vor der Wohnungstür. Er klingelt nicht gleich.
„Wie schaust du denn aus?" fragt die Mutter, als sie die Tür aufgemacht hat.
„Wenn sie doch vom unteren Fischteich das Wasser abgelassen haben – lauter Schlamm!"
„Soso!"
„Die Karpfen haben sie in große Eimer reingeschmissen."
„Aha!"
„Aber meinen nicht!"
„Deinen?"
„Zu dem bin ich hingewatet, weil er mich so angesehen hat."
„Also daher die Schlammschuhe!"
„Aber der war dumm, weil er sich nicht helfen lassen wollte. Da hab ich mich einfach hingekniet und ihn von unten gepackt."
„Daher die Schlammhose!"
„Und dann sind wir abgehauen, aber einer von den Männern hat's gesehen und ist hinter uns hergerannt."
„Wohin denn?"
„Zum oberen Fischteich. Ist doch nicht weit! Und da hab' ich ihn ins Wasser geschmissen, den gemeinen Fisch."

„Wieso war er gemein?“
„Na, ich will ihn retten, und er schlägt wie verrückt um sich.“
„Arme Schlammbacke!“
„Ich helf ihm und er klebt mir eine!“
„Wollte er doch gar nicht – nur möglichst rasch ins Wasser!“
„Wenn das so ist... dann kann ich ja duschen gehn.“
„Aber sag mal, was ist mit deiner anderen Backe, die ist ja feuerrot?“
„Ach, die!“ sagt Thomas. „Die hat mir überhaupt nichts ausgemacht, die mir der Mann geknallt hat.“

Hans Baumann

Aus: Hans Baumann, Das große ABCebra-Buch, Annette Betz Verlag, München 1977.

So traurig die Erfahrung mit dem Karpfen für Thomas gewesen sein mag, so lustig wird sie für den Zuhörer dargestellt. Hinzu kommt, daß Thomas bereits für sich die beiden harten Schicksalsschläge überwunden hat, als er seiner Mutter darüber berichtet.
Der Text kann in einem kleinen Rollenspiel nachgespielt werden.
Kinder können auch eigene Erlebnisse erzählen.

Gesprächsimpuls:

Eigentlich hatte es Thomas doch nur gut gemeint.
Warum ist dann alles so anders gekommen?

Gespräch über echtes Helfen: Um zu helfen, muß man deutlich erkennen, ob Hilfe gebraucht wird; Hilfe anbieten, aber nicht andere durch Übereifer in unangenehme Situationen bringen.
Angepaßte Hilfe, unangepaßte Hilfe.
Beispiele hierzu finden.

** Aufregung um Janko

Ausgerechnet an ihrem Geburtstag ist Silkes kleiner Hund verschwunden. Alle suchen, bis sie ihn endlich wiederfinden.

Angst um einen Freund, einen Tierfreund; Verantwortung für einen anderen übernehmen; Freude über den wiedergefundenen Hund.
Gleichnis vom guten Hirten, vom verlorenen Schaf, vom verlorenen Groschen.
Lukas 15,3–7 / Lukas 15,8–10

Jedes Jahr am 7. August feiert Silkes Vater seinen Geburtstag. Dieser Tag fällt fast immer in die Sommerferien. Meistens ist das Wetter so gut, daß die ganze Geburtstagsgesellschaft im Garten Kaffee trinken kann.
Auch in diesem Jahr war das so. Es kamen Verwandte und Bekannte, und es sollte ein richtig gemütlicher Kaffeeklatsch werden.
Wer meint, daß Silkes Vater allein ein bißchen aufgeregt war, der irrt. Janko, Silkes kleiner Hund, begrüßte und umtobte alle neu ankommenden Gäste so, als sei er der wahre Mittelpunkt der ganzen Feier. Da wurde kein Gast ausgelassen. Und als zum Schluß noch Tante Hanne und Onkel Ferdi kamen, kannte Jankos Jubel keine Grenzen. Er sprang an ihnen hoch, flitzte ihnen zwischen den Beinen herum und war erst zufrieden, als Tante Hanne ihn nach allen Regeln der Kunst gestreichelt hatte.
Später beim Kaffeetrinken ging es sehr gesprächig zu. Jeder wußte Neuigkeiten zu berichten, und es wurde viel gelacht. Aber als Tante Hanne berichtete, daß sie sich auch bald einen Hund anschaffen wollten, vermißte Silke plötzlich ihren Janko.
Und als Onkel Ferdi noch hinzufügte: „Ihr solltet euer Gartentürchen einmal ölen! Ich habe es überhaupt nicht wieder schließen können", sprang Silkes Vater so jäh von der Kaffeetafel auf, daß der Kaffee in den Tassen überschwappte. Er rannte zum Gartentor und stellte entsetzt fest, daß dieses wirklich offen stand.
„Der Hund ist weg!" schrien Silke und ihr Vater fast gleichzeitig.
Dann begann das große Suchen. Im Nu war die Kaffeetafel aufgelöst. Silkes Vater teilte sofort alle Gäste in Suchtrupps ein. Onkel Klaus und Tante Hildegard nahmen sich den oberen Teil der Straße mit allen Nebenstraßen vor. Familie Steubner erhielt den Auftrag, den unteren Teil der Straße nebst allen Nebenstraßen durchzukämmen. Tante Hanne und Onkel Ferdi suchten den gesamten Garten einschließlich Mülltonnen, Büschen und Gewächshaus ab. Und Silkes Eltern spähten in den Gärten der Nachbarn nach Janko aus.
Nur Silke saß am Kaffeetisch vor den Kuchen und Torten und heulte vor sich hin. Sie glaubte nicht mehr daran, daß Janko gefunden würde. Sie

stellte sich vor, daß ein Auto ihren Hund überfahren hätte. Er war doch verkehrsungewohnt. Niemals war er ohne Leine auf der Straße gewesen. Nur hier im Garten und im Haus kannte er sich aus. Dort lief er immer frei herum. Am späten Nachmittag wurde die Suche abgebrochen. Keine Spur von Janko. Silkes Mutter kochte noch einmal Kaffee. Aber als sie Kuchen anbot, mochte niemand zugreifen. Silkes Trauer um ihren Janko steckte alle an.

Die Gäste faßten mit an, als das Geschirr und der Kuchen ins Haus getragen werden sollten.

Und dann entdeckte Tante Hanne den Hund. Janko lag zufrieden schmatzend unter dem Küchentisch. Als Tante Hanne sich ihm näherte, grollte er warnend, obwohl er gleichzeitig ein bißchen mit seinem Schwanz wedelte. Vor ihm lag ein großer, halb verwester Knochen. Janko mußte ihn vor langer Zeit im Garten vergraben und erst heute wiederentdeckt haben. Alle Spuren deuteten darauf hin, daß er ihn durch die Kellertür ins Haus geschleppt und dann zunächst auf der Couch im Wohnzimmer gründlich abgenagt hatte. Weil aber in der Küche sein Napf mit Wasser stand, hatte er sich nun dorthin verzogen. Janko war recht verwundert, als er von allen gestreichelt und liebkost wurde.

Daß er außerdem noch eine Bockwurst erhielt, verstand er schließlich überhaupt nicht mehr. Schließlich hatte es sonst immer viel Ärger gegeben, wenn er einen alten, verwesten Knochen ins Haus geschleppt und auf der Couch abgenagt hatte.

Dagmar Domina

Die Freude über etwas, was man sehr lieb hat und verloren glaubt, das man aber nach langem Suchen wiederfindet, wird Kindern, weil sie sich mit der kleinen Silke identifizieren können, deutlich. Bestimmt haben sie auch ähnliche Erlebnisse gehabt.

Die Freude Gottes über jeden Menschen, den er wiederfindet, wird anhand der Gleichnisse vom verlorenen Schaf und vom verlorenen Groschen verständlich gemacht. Sowohl die oben erzählte Geschichte kann in ein spontanes Rollenspiel umgesetzt werden als auch die Gleichnisse, die mit Hilfe von einfachen Spielliedern vorgestellt werden können, z. B.

„Helft ihr mir, das Schäfchen suchen?" (LP und MC „Ein Regenbogen bunt und schön", Abakus-Schallplatten, Greifenstein 2 und Studio Union im Lahn-Verlag, Limburg).

„Mein Schaf hat sich verlaufen" (LP und MC „Kommt alle und seid froh", Peter Janssens Musikverlag, Telgte).

„Mein Geld ist weg" (R. Krenzer, Hrsg.: „Regenbogen bunt und schön", Kaufmann, Lahr – Kösel, München).

Wir stehen im Kreis. Ein Spieler stellt das Schäfchen dar und versteckt sich hinter einem Mitspieler. Der Hirt geht im Kreis herum und sucht so lange, bis er das Schäfchen gefunden hat. Dann nimmt er es an der Hand und führt es mitten in den Kreis hinein.
Übertragung: Einzelne Mitspieler verstecken sich. Sie werden mit Namen genannt und von dem Lehrer, dem Freund, dem Kindergottesdiensthelfer usw. gesucht.

Hilfst du mir den Wolfgang suchen?
Oder:
Der Wolfgang hat sich verlaufen.
Wer hat ihn gesehn?
Es soll doch meinem Wolfgang
nichts Böses geschehn.
Ich suche den Wolfgang.
Er kennt sich doch nicht aus.
Wenn ich den Wolfgang finde,
bring' ich ihn nach Haus...
usw.

** So ist mein kleiner Hund

Ein kleiner Hund lebt mit in der Familie.

Gemeinschaft mit einem Tier;
Freude an Gottes Schöpfung;
Verantwortung für den anderen aufnehmen und tragen; Vertrauen, Zärtlichkeit.

T: Rolf Krenzer
M: Siegfried Fietz

2. Wenn ich mit ihm spazieren geh',
dann hab' ich es oft schwer.
Er rennt nach allen Seiten hin
und zieht mich hinterher.
Ich halte zwar die Leine fest,
doch das ist gar nicht leicht,
denn will mein Hund woanders hin,
hat er's auch stets erreicht.
Na und?
Na und?
So ist mein kleiner Hund.
Ist es ein kleiner Hund auch bloß,
sein Starrsinn ist dreimal so groß!
Na und?
Na und?
So ist mein kleiner Hund.

3. Und wünschen wir am Mittagstisch
uns „Guten Appetit!"
Dann kommt der Hund sofort herbei
und fräße gerne mit.
Er springt an unsern Beinen hoch
und bettelt, gauzt und schnappt,
als habe er vier Wochen lang
kein Futter mehr gehabt.
Na und?
Na und?
So ist mein kleiner Hund.
Ist es ein kleiner Hund auch bloß,
sein Hunger ist dreimal so groß!
Na und?
Na und?
So ist mein kleiner Hund.

4. Doch wenn er richtig müde ist
und nicht mehr toben kann,
dann rutscht mein Hund ganz nah zu mir
und kuschelt sich dort an.
Wenn ich ihn streichle, hält er still
und drückt sich an mein Bein.
Er schnieft und schnauft vor Dankbarkeit
und schläft zufrieden ein.
Na und?
Na und?
So ist mein kleiner Hund.
Ist es ein kleiner Hund auch bloß,
vertraut er mir doch grenzenlos.
Na und?
Na und?
So ist mein kleiner Hund.

Gesprächimpuls:

Wie schön ist es, einen Freund zu haben.
Wir sprechen von unseren Freunden, was wir gemeinsam tun, worüber wir uns zusammen freuen, aber auch, welche Schwierigkeiten in einer Freundschaft auftreten und wie sie überwunden werden können. Freundschaft zu einem Tier haben, heißt auch, Verantwortung für es übernehmen, auf Dinge verzichten.

Freundschaft und Verantwortung nicht für einen Tag, sondern für viele Tage, Monate, Jahre lang.
Mögliches Material: Bildermappe „Peter und seine Freunde", Hirschgraben-Verlag Frankfurt/Main.

** Da rief jemand nach Hilfe

Ein junger Fink hat sich in einer Pflanzenschlinge verfangen und kommt nicht mehr los. Ein Mensch hört sein ängstliches Piepsen, verhilft ihm wieder zur Freiheit.

Sorge für den anderen; Sorge für ein Tier; spontane Hilfeleistung; Begegnung Mensch – Tier.

Ich saß auf dem Balkon und las. Die Luft war erfüllt von fröhlichem Vogelgesang. Dann aber fiel mir auf, daß eine Vogelstimme ängstlich und eintönig vor sich hin piepste. Zuerst dachte ich mir nichts dabei. Jedoch das jämmerliche Piepsen hörte nicht auf.
Schließlich beschloß ich hinunterzugehen, um nachzusehen, was da los war.
Unten, neben dem Eingang zum Keller, stehen kleine dornige Büsche. Dort heraus tönte das Tschilpen.
Vorsichtig bog ich die Zweige auseinander und sah dort einen kleinen Vogel sitzen, der sich mit einem Bein in einer Pflanzenschlinge verfangen hatte. Behutsam löste ich sein Beinchen aus der Verstrickung. Kaum fühlte der kleine Fink sich frei, flatterte er auch schon davon.
Wenn ich jetzt die Vögel zwitschern höre, denke ich manchmal: Ob wohl der kleine Fink dabei ist, den ich befreit habe?

Ursula Fack

Ein besonderes Erlebnis wird so erzählt, daß die Hilfe, die hier einem gefährdeten Geschöpf Gottes gegeben wird, wie selbstverständlich erscheint.
Ein Erlebnis, das jeder in einer ähnlichen Form haben kann. Aber ob er dann auch so selbstverständlich gegenüber der schwächeren Kreatur handelt, ob er so selbstverständlich für sie eintritt?
Hinweis auf die Schöpfungsgeschichte und auf die Verantwortung, die Gott den Menschen im Hinblick auf seine Schöpfung übertragen hat.

*** Der Papagei im Park

Ein Papagei wiederholt das,
was er aufgeschnappt hat,
im ungeeignetsten Augenblick.
Das kann üble Folgen haben.

Wie man mit anderen spricht und
umgeht; besser miteinander
sprechen, heißt auch, besser
miteinander auskommen;
nachdenken über das, was man sagt.

Im Stadtpark flog ein Papagei umher. Er flog von Baum zu Baum und setzte sich auf die Bänke. Am liebsten hielt er sich auf dem Kinderspielplatz auf. Er hatte grüne, gelbe und knallrote Federn.
Hans fragte den Papagei: „Wie heißt du denn?"
„Totila", sagte der Papagei.
„Und wem gehörst du?" fragte Stefan.
„Totila", antwortete der Papagei.
„Er gehört sich selber", sagte Hans.
„Wieso?" wollte Bärbel wissen.
„Hat er doch selbst gesagt", erklärte Hans.
„Er kann eben nichts außer Totila sagen", meinte Bärbel.
Doch am nächsten Tag sagte Totila: „Willi ist ein Affe!"
„Das hat er von dir gehört", sagte Willi zu Stefan, „von dir, du Kamel!"
„Kamel, Kamel!" schrie Totila. Und bald sagte er noch mehr so schöne Wörter. Die Kinder hatten ihren Spaß dran.
Zwei ältere Damen aber regten sich auf. „So was sagt man nicht!" sagten sie zu Totila.
Totila flog hinter ihnen her und schrie: „Alte Schraube! Alte Schraube!"
Das hatte er von Willi gelernt.
Die beiden Damen gingen eilig aus dem Park.
Totila flog zum Kinderspielplatz. Dort setzte er sich auf die Schaukel.
Auf einmal sagte Hans zu Stefan: „Paß doch auf, du Idiot!"
„So was sagt man nicht!" schrie Totila, „So was sagt man nicht!"
Und alle Kinder lachten.

Hans Baumann

Aus: Hans Baumann, Das große ABCebra-Buch, Annette Betz Verlag, München 1977.

Die vordergründig lustige Geschichte hat einen nachdenkenswerten Hintergrund. Es wird deutlich, daß vieles, was wir sprechen, unkontrolliert aus unserem Mund kommt und oft andere verletzt. Der Papagei denkt nicht, sondern plappert das nach, was er hört.

Wir könnten einmal für 10 Minuten einen Cassettenrecorder bei einem Streitgespräch mitlaufen lassen und anschließend überprüfen, was wir gesagt haben und wie wir es gesagt haben, ob wir das wirklich so gemeint haben, wie es aus unserem Mund herauskam.
Am Negativbeispiel wird durch die überspitzte Situation deutlich, wie Menschen andere Menschen mit Worten verletzen können, Worte, die vielleicht so nicht gemeint waren.
Worte, die andere verletzen können – Worte, die anderen helfen können...
Worte, die ohne Nachdenken benutzt werden und bereits Vorurteile gegen andere ausdrücken, z. B. Spasti, Makkaronifresser, Kümmeltürk, aber auch Feigling, Angeber, Blödmann usw.
Darüber sprechen, was solche Wörter wirklich ausdrücken, wie man selbst empfindet, wenn man damit beschimpft wird.
Bessere Verständigungsmöglichkeiten suchen.

*** Notwehr

Nicht jeder kann in seiner Freizeit das tun, was er will. In lustiger Form wird aufgezeigt, wie sich einer einen stillen Ruheplatz schafft.

Ansprüche aneinander in der Freizeit, in der Familie. Jeder hat ein Recht auf Freizeit, aber es gibt auch Ansprüche, die andere an einen stellen, Ansprüche, die man an andere stellt.
Zusammenleben miteinander.

Es ist unerhört!
Ich werd' stets gestört.
Sitz' ich in dem Sessel drin,
döse leise vor mich hin,
schon tönt's durch das Haus:
„Führ' den Hund erst aus!"

    Das ist gar nicht gut,
    und mich packt die Wut.
    Höre ich mir Platten an,
    wiege sanft im Takt mich dann,
    schon muß einer schrei'n:
    „Lauf' und kaufe ein!"

So was macht mich bös
und dazu nervös.
Kaum bin ich allein gewesen,

habe sorgenfrei gelesen,
gleich mein Vater schreit:
„Erst die Schularbeit!"
Ich hab' gar kein Glück!
Zieh' ich mich zurück,
sitz' ich vor dem Flimmerkasten,
ruh' mich aus von Tageslasten,
schon tönt's: „Schluß jetzt! Auf,
räum' dein Zimmer auf!"
Es ist unerhört!
Ich werd' stets gestört. –
Einen Platz hab' ich gefunden,
einen Platz für stille Stunden,
wo ich dösen, lesen kann.
Hier kommt keiner an mich ran.
Hier hat niemand was zu sagen.
Hier kann keiner mich verjagen.
Wenn man mich jetzt stören will,
lächle ich und sage still
und von Herzen froh:
„Ich muß mal auf's Klo!"

Rolf Krenzer

Aus: R. Krenzer (Hrsg.): Magazin: Freizeit, Hirschgraben-Verlag, Frankfurt/Main.

Im lustigen Gedicht entzieht sich einer den vielfältigen Anforderungen, die andere Familienmitglieder an ihn stellen, durch seine Flucht auf ein stilles Örtchen. Er tut es aber erst, nachdem er eine ganze Reihe der Anforderungen erfüllt hat, und er tut es nur für eine begrenzte Zeit.

Kinder können sich mit dem Gedicht leicht identifizieren, weil sie ähnliche Situationen zu Hause immer wieder erleben. Sie kommen den Aufforderungen manchmal gern und manchmal weniger gern nach.

Wichtig wird das Gespräch über den Text, wenn einmal herausgestellt wird, welche Anforderungen ich an andere stelle, beispielsweise an meine Mutter, meinen Vater oder an meine Geschwister.

Dabei kann deutlich werden, daß ein Mensch ohne den anderen schlecht auskommt, daß er den anderen braucht und von ihm gebraucht wird, daß aber gegenseitige Rücksichtnahme Voraussetzung für ein besseres Zusammenleben ist.

Jeder schreibt für sich auf, was er sich von anderen wünscht (von einem Freund, von der Mutter, von dem Vater usw.) und was nach seiner Meinung von ihm gewünscht wird. Anschließend sprechen wir darüber und versuchen, mögliche Lösungen für den einzelnen und für alle zu finden. Dabei ist es wichtig, zu verdeutlichen, daß Erwachsene und Kinder aufeinander Rücksicht nehmen sollten.

** Wie ich traurig werde, weiß ich nicht

Manchmal bin ich sehr traurig. Da gibt es keine eigentliche Ursache. Die Begegnung mit anderen, eine unerwartete Situation kann die Traurigkeit wieder vergehen lassen.

Gott schenkt Freude und Trauer, Fröhlichkeit und Traurigkeit. Beides gehört zu unserem Leben. Aber auch dann, wenn wir traurig sind, ist Gott bei uns.

Wie ich traurig werde, weiß ich nicht.
Ich merke es erst, wenn ich es bin.
Als Elsa neulich sagte, es sei aus, zum Beispiel.
Ich wundere mich dann, daß die Sonne noch scheint.
Und warum ich mich überhaupt noch anziehe und wasche, ist mir nicht klar.
Mein Kopf ist leer, ich spüre ihn nicht und – komisch, ich muß dann immer sehr lange auf einen Punkt starren – und den seh ich auch nicht.
Ich liege dann auf meinem Bett und seh die grauen Wolken vorbeiziehn.
Wenn ich lang hinseh, kann ich mit den Wolken ziehen, langsam, schwer, bleifarben.

Manchmal gehen mir die Wolken auch durch den Kopf.
Farben seh ich gar nicht mehr, wenn ich traurig bin.
Und Platten will ich nicht mehr hören, das ist wie fratzenhaftes Grinsen.
Wenn ich traurig bin, habe ich keinen Hunger, mein Lieblingsessen schmeckt dann wie Haferschleim; und es ärgert mich, wenn mein Wellensittich an seinen Spiegel klopft.
Ich decke den Käfig mit meinem Nachthemd zu, und den Hamster scheuche ich zurück ins Häuschen.
Wenn meine Schwester im Badezimmer pfeift, stopf ich mir die Ohren zu.
Wenn ich traurig bin, freue ich mich nicht mehr auf den Urlaub, und meine Bücher öden mich an.

Warum soll ich noch auf die Straße gehen?
Mit meinen Freunden will ich sowieso nicht sprechen, ihr blödes Lachen halte ich nicht aus.
Ich sitze auf meiner Spielzeugkiste und kratze mit dem Taschenmesser auf meiner Hose herum, immer hin und her, bis die Fäden reißen und ein Loch entsteht…

Aber dann kann es sein, daß ein Windstoß das Fenster aufdrückt, und meine Poster an der Wand flattern.
Es ist schon passiert, daß meine Mutter mit einer ganz neuen Stimme meinen Namen ruft, oder daß zufällig eine Geburtstagseinladung ankommt.
Ich spür dann, wie die Traurigkeit geht,
sie zieht sich zurück wie ein Vorhang
und das Stück geht weiter…

Frieder Stöckle

Jeder hat Erinnerungen an traurige Stunden, aber auch daran, wie diese Traurigkeit überwunden wurde. Manchmal hat ein anderer Mensch, eine neue Situation, irgend etwas, was man gar nicht genau beschreiben kann, dazu verholfen. Der sehr einfühlsame Text schildert, wie diese Traurigkeit aussehen kann, Traurigkeit, die jeder immer wieder erlebt.
Auf dunklen Karton schreiben oder malen wir, was uns traurig macht, welche Erlebnisse wir hatten. Dann schreiben wir mit farbigem Stift auf helles Papier das, was uns Freude macht oder gemacht hat. Es gibt viele traurige, aber ebenso viele freudige Erlebnisse und Stimmungen. Wir schneiden die freudigen Erlebnisse aus und kleben sie auf den schwarzen Karton dort, wo es uns gelungen ist, die traurige Stimmung zu überwinden.
Wir sprechen darüber, wie wir die Traurigkeit überwinden können: – durch den Kontakt mit anderen, durch die Hilfe anderer, durch Trost – durch Kraft, die aus uns selbst kommt.
Wir dürfen auch beten, Gott um diese Kraft bitten, weil wir sicher sein dürfen, daß Gott uns in der Traurigkeit und in der Trauer nicht allein läßt. Er wird uns die Kraft schenken, solche Stunden zu überstehen.
Mögliches Lied: „Manchmal fühl ich mich allein“, in: 100 einfache Lieder Religion, Kaufmann, Lahr – Kösel, München.

Gebet:

Abends vor dem Schlafengehen denk’ ich oft zurück:
war’s ein Tag voll Freude,
war’s ein Tag voll Glück,

dann freu ich mich,
dann dank' ich dir,
mein lieber Gott, ganz fest dafür;
war's ein Tag voll Traurigkeit,
traf mich Unglück oder Leid,
dann bitt' ich dich,
Gott, tröste mich
und verlaß mich nicht.

Ursel Scheffler

Aus: Ursel Scheffler: Abendgebete mit Kindern, Lahn-Verlag, Limburg; hier finden sich auch weitere Gebete, die allein oder gemeinsam gesprochen werden können.

** Wenn ich mich mal freue

Wenn ich froh bin, finde ich mich wohl und finde viele Kontakte mit anderen, die mir und den anderen guttun. Vieles wird mir in meiner guten, freudigen Stimmung viel leichter fallen.

Gott schenkt Freude und Trauer; Freude strahlt aus, steckt an; Freude über Gottes Schöpfung, Freude, weil ich Teil dieser Schöpfung bin. Wissen, daß Freude und Trauer zu meinem Leben gehören.

Wenn ich mich mal freue,
mache ich beide Fenster auf in meinem Zimmer
und schleudere einen Pfirsichstein bis zu dem Sonnenblumenbeet
bei Müllers.
Wenn ich mich freue, macht mir der Regen nichts aus,
und ich gehe freiwillig einkaufen.
Wenn ich mich freue, stelle ich mich beim Turnen unter den ersten auf
und komm ganz sicher auch über den Bock.
Von mir aus – wenn ich mich freue – helf ich meiner Schwester bei den
Schularbeiten, ihr Meckern stört mich nicht.
Wenn ich mich freue, mach ich das locker.
Manchmal räum ich sogar mein Zimmer auf
und streiche eine Wand mit gelber Farbe,
wenn ich mich freue.
Ich krieg dann auch keinen Krach mit Siggi,

denn wenn ich mich freue, mag ich sogar ihn.
Wer will, kann sich meine neue Fahrradpumpe ausleihen
und meine Platten überspielen.
Wenn ich mich freue,
dann macht es mir auch nichts aus, daß mein Taschengeld schon alle ist.
Irgendwie hoff ich dann immer auf was Schönes.
Wenn ich mich freue, flieg ich mit meiner Papierschwalbe über die Dächer,
und auf dem Klo sing ich.
Wenn mein Vater mürrisch von der Arbeit kommt,
krieg ich sogar seine schlechte Laune weg –
wenn ich mich freue.
Rot wird dann meine Lieblingsfarbe,
und ich muß lachen, wenn ich die lustlosen Gesichter
an der Straßenbahn sehe.
Wenn ich mich freue, dann bin ich sicher, daß es keinen Krieg
mehr gibt.
Ich glaub sogar an den Himmel, wenn ich mich freue.
Am liebsten würde ich mich ganz ausziehn,
Sonne und den warmen Wind auf meinem Körper spüren,
wenn ich mich freue.
Die Arme möchte ich ausbreiten
und wie ein Vogel hochschießen,
wenn ich mich freue…

und ich muß ganz vorsichtig sein,
wenn ich mich freue, denn leicht
kann das rasch wieder vergehn…

Frieder Stöckle

Der Text läßt sich als Kontext zu dem vorherigen Text einsetzen. Er macht deutlich, daß aus einer freudigen Stimmung heraus der Kontakt mit anderen viel leichter fällt, daß die eigene Situation als beglückend und schön empfunden wird und daß alle Arbeit leichter von der Hand geht, weil sie nicht als Last empfunden wird.
Der Text kann gesamt oder auch nur auszugsweise angeboten werden. Man kann jedem Kind einen Zettel geben, auf dem nur eine der hier gemachten Aussagen angeboten wird. Wir können berichten, worüber wir uns freuen, was Freude in uns auslöst und wie Freude anstecken kann.
Freude kann Lob- und Dankgebete auslösen, kann den anderen miteinbeziehen. Wir malen ein großes Bild mit den Dingen, über die wir uns freuen.

Das Bild (Einzelarbeiten oder Gruppenarbeiten) kann im gottesdienstlichen Raum aufgehängt und beim Gottesdienst selbst Anlaß zu Dankgebeten werden, die mit Hilfe der dargestellten Dinge und Situationen formuliert werden. Aber Freude kann auch wieder vergehn. Sie gibt uns Kraft, weniger Freudiges durchzustehen.
Hinweis auf Ostern, Osterfreude: Auferstehung Jesu. Eine freudige Nachricht breitet sich aus.
Gott freute sich, als er die Welt und die Menschen erschaffen hatte.

Liedvorschläge:

- Loblied „Himmel und Erde loben dich, Herr!" Aus: Limburger Kindermesse (Schallpl./MC, Notenheft, Studio Union im Lahn-Verlag, Limburg)
- „Fröhlich gehe ich". Aus: Pfälzer Kindermesse (Schallpl./MC und Notenausgabe, Studio Union im Lahn-Verlag, Limburg)
- „Kommt alle und seid froh" (LP/MC und Liedheft, Peter Janssens Musik Verlag, Telgte)
- Halleluja-Tanz (Regenbogen bunt und schön, Kaufmann, Lahr – Kösel, München und gleichnamige LP/MC bei Abakus Schallplatten, Greifenstein 2 u. Studio Union, Limburg).

Gebete in Ursel Scheffler: Abendgebete mit Kindern, Lahn-Verlag, Limburg.

*** Sommergewitter

Die große Schwester darf Susanne ausfahren. Als ein Gewitter unerwartet losbricht, fühlt sie, welche Verantwortung sie übernommen hat. Sie beeilt sich, so schnell wie möglich nach Hause zu kommen.

Naturereignisse; Verantwortung für einen jüngeren Menschen übernehmen; Suche nach Schutz und Geborgenheit.

Schon beim Mittagessen hatte sich Uschi darauf gefreut, ihre kleine Schwester auszufahren. Sie wartete sehnsüchtig, bis Susanne endlich ihren Mittagsschlaf beendet hatte.

Es war ein heißer, schwüler Sommertag. Uschi setzte Susanne in die Sportkarre und schob sie durch Straßen, in denen die Hitze zwischen den Häuserzeilen brütete, bis in den Park.
Der Park, mit seinem Spielplatz, lag weit entfernt von ihrer Wohnung, aber Uschi wußte, daß dort viele Bäume standen, die ihnen Schatten spenden würden.
Dort auf einer Bank, saß sie dann und erholte sich von der sengenden Sonne. Über ihr das Laubdach einer dicken Eiche. Susanne saß, nur mit einem Spielhöschen bekleidet, im Sand und spielte zufrieden mit Eimer, Schaufel und Förmchen.
Die Flasche mit dem Tee war bald leergetrunken, denn die Hitze machte großen Durst.
Nach einiger Zeit erhob sich Susanne, kletterte über den Sandkistenrand und ging auf Entdeckungsreisen. Als sie sich zu weit entfernte, lief Uschi hinter ihr her, um sie zurückzuholen.
Da – unter den schützenden, die Sicht versperrenden Baumkronen hervortretend, sah sie es –!
Der Himmel hatte sich verdunkelt, dicke blauschwarz wirkende Wolken hatten sich zusammengezogen. Es sah bedrohlich aus! *
Uschi ergriff Susanne, setzte sie in die Karre, raffte ihre Spielsachen zusammen und schob mit ihr los.
Auf offener Straße angekommen, sah sie, daß nicht mehr viel Zeit war, bis das Gewitter losbrechen würde. Die Wolken hingen tief und ab und zu donnerte es. Uschi begann zu laufen.
Eine plötzliche Sturmbö trieb den beiden Sand, Staub und Papierfetzen ins Gesicht. Susanne verkroch sich angstvoll hinter die Rückenlehne ihrer Karre und begann zu weinen.
Uschi beschleunigte ihr Tempo, während sie Susanne tröstende Worte zurief. Sand verklebte ihr die Augen und der Wind nahm ihr den Atem.
„Ich seh schon unser Haus, gleich sind wir da“, keuchte sie, – da fielen schon die ersten Tropfen.

Uschi erreichte die Haustür. Sie wurde von innen aufgerissen. Zwei Hände umfingen Susi und trugen sie nach oben.
Die Mutter hatte vom Fenster aus schon nach ihren Kindern Ausschau gehalten. Eben in der Wohnung angekommen, brach das Unwetter los. Große Hagelkörner schossen vom Himmel herab, danach goß es in Strömen, während Blitze zuckten und Donnerschlag auf Donnerschlag die Luft erbeben ließ.
Wie froh war Uschi, es gerade noch geschafft zu haben, mit Susi nach Hause zu kommen, bevor das Gewitter so richtig losging.

Ursula Fack

Zunächst ist es das Naturereignis Gewitter, daß zum Berichten eigener Erlebnisse und Ängste animiert. Wenn der Text bis * vorgelesen wird, können Kinder selbst erzählen, wie es weitergehen könnte, wie sie selbst in einer solchen Situation handeln würden. Danach kann dann der zweite Teil des Textes angeboten werden. Herauszuarbeiten ist aber auch, daß Kinder für andere Kinder Verantwortung übernehmen können, wie schwierig diese Verantwortung aber durch eine plötzlich sich ergebende Situation werden kann.
Weiterführende Gesprächsimpulse: Was hätte Uschi tun können, wenn sie das Gewitter schon früher überrascht hätte? Was hätte die Mutter getan, wenn Uschi und Susanne jetzt noch nicht nach Hause gekommen wären?

** Es ist so schwer, ein Held zu sein

Jeder möchte gern seine heimlichen Ängste und Befürchtungen überwinden, ein bißchen tapferer und mutiger sein. Hier werden Kinderängste geschildert, aber Erwachsene haben auch Angst und bemühen sich, diese zu überwinden. Allein schafft man das oft nicht.

Kinderängste und -befürchtungen; geheime Wünsche; einem anderen seine Angst anvertrauen; sich Gott anvertrauen.

Es ist so schwer, ein Held zu sein

T: Rolf Krenzer
M: Siegfried Fietz

2. Wenn ich den Hund vom Nachbarn treffe,
und er kommt immer näher mir,
dann denke ich: Nur zu und kläffe,
ich fürchte mich doch nicht vor dir!
Wenn ich davonlauf', fällt mir ein:
Es ist so schwer, ein Held zu sein!

3. Ich habe das Diktat verhauen
und ängstlich stehe ich vorm Haus.
Ich möchte mich so gern getrauen
und bring' kein Wort davon heraus.
Man fragt: „Wie steht's?" – Ich sage „Fein!"
Es ist so schwer, ein Held zu sein!

4. Im Wasser sollt ihr mich erleben,
doch schwimmen kann ich leider nicht.
Denn soll ich nur die Beine heben,
mach' ich ein ängstliches Gesicht
und brülle laut: „Oh nein! Oh nein!"
Es ist so schwer, ein Held zu sein!

5. Vor Weihnachten muß ich stets fragen.
Ich frage alle Leute aus!
„Was krieg' ich? Kannst du es mir sagen?"
Doch keiner rückt damit heraus.
Wär' ich ein Held, ließ ich das sein!
Es ist so schwer, ein Held zu sein!

6. Im Fernsehn kann ich Krimis sehen.
Das macht mir überhaupt nichts aus.
Doch soll ich in den Keller gehen
allein und durch das dunkle Haus,
dann hab' ich Angst und sage: „Nein!"
Es ist so schwer, ein Held zu sein!

7. Soll ich mich abends auch noch duschen
– das kalte Wasser ist kein Spaß –,
versuche ich ins Bett zu huschen,
das Wasser ist mir viel zu naß!
Beim Duschen brüll' ich hundsgemein.
Es ist so schwer, ein Held zu sein!

8. Wenn ich dann endlich schlafen gehe,
und dunkel wird's im Zimmer hier.
Damit ich noch das Flurlicht sehe,
laßt einen Spalt breit auf die Tür.
Und ist der Spalt auch noch so klein…
Es ist so schwer, ein Held zu sein!

9. Ich glaub' nicht an den Osterhasen,
an Klapperstorch und Nikolaus.
Doch geht Knecht Ruprecht durch die Straßen
und klopft gar an bei uns zu Haus,
dann ruf' ich nicht einmal „Herein!"
Es ist so schwer, ein Held zu sein!

10. Doch heute ist es mir gelungen!
Ja, heute ist es mir geglückt!
Elf Klopse habe ich bezwungen!
Elf Klopse habe ich verdrückt!
Da staunt ein jeder, groß und klein!
Es ist nicht schwer, ein Held zu sein!

11. Ein jeder möchte viel erreichen,
so viel er nur erreichen kann.
Ich möchte einem Helden gleichen
und fange morgen damit an.
Wenn du was lernen willst, komm rein!
Es ist nicht schwer, ein Held zu sein!

Die Strophen des Liedes können in Auswahl angeboten werden. Sie machen deutlich, welche unterschiedlichen Ängste auftreten können und wie nach guten und weniger guten Auswegen gesucht wird, z. B. dann, wenn die schlechte Note im Diktat so bedrückt.
Je nach Alter werden einige hier geschilderten Ängste bereits überwunden sein. Darüber kann man lachen. Dafür gibt es aber neue, andere Ängste, über die man sprechen sollte.
Auch die Frage danach, was nun wirklich einen Helden ausmacht, ob ein Held Angst haben darf, ob er vielleicht gerade deshalb ein Held wird, kann gestellt werden. Ebenfalls kann darüber nachgedacht und gesprochen werden, wie sich wirkliche Helden von falschen Helden unterscheiden.
Oft ist der Begriff „Held" auch nicht zutreffend. Menschen, die wegen ihrer Überwindung der Angst, wegen ihrer Beherztheit, wegen ihres Einstehens für andere bekannt wurden, können vorgestellt werden, z. B. Mutter Teresa, Albert Schweitzer, Martin Luther King ebenso wie die Heilige Elisabeth, Sankt Martin oder Petrus, der aus Angst seinen Herrn dreimal verleugnete und später seine Angst überwand und Christi Botschaft beherzt weitertrug.

** Sonne

Was man alles erleben kann, wenn man sich Zeit nimmt, sich in Gottes Schöpfung umzusehen, wird erzählt. Schilderung eines Augenblicks im Leben, der voller Glück ist.

Freude an Gottes Schöpfung; Erfahren und Erleben, wie schön Gottes Welt im nächsten Umkreis ist. Schöpfungsgeschichte.

Du liegst im Gras.
Die Mücken summen, und eine Amsel baut in der Hecke ein Nest.
Der Himmel verschwimmt über dir.
Blau, grenzenlos, weit.
Du streckst deine Beine, deine Arme hinauf, möchtest fliegen,
grenzenlos, weit.
Du weißt, dort draußen sind Sterne, Planeten, Milchstraßen,
andere Sonnen.
Und da ist unsere Sonne, sie hat dir den Boden angewärmt
wie ein Bett.
Du stehst auf und gehst rüber zu dem alten Bauernhaus.
Die Balken haben breite Risse. Von Sonne und Regen, seit hundert
Jahren. Unter dem Dach kleben Schwalbennester.
Leg dein Ohr ans Scheunentor.
Du hörst die Tiere. Die Kette schlurft am Futtertrog entlang.
Gleichmäßig atmen die Tiere.
Bläulich kringelt der Rauch aus dem Schornstein, vermischt sich
und verliert sich in der unendlichen Bläue des Sommertages.
Zieh dein Hemd aus und halte dein Gesicht unter den frischen
Wasserstrahl des Brunnens.
Zieh deine Schuhe aus und geh langsam über die warme Erde
den Feldweg entlang.
Es duftet nach Kamille und Salbei.
Bleib stehn.
Nimm ein Stück Erde auf und zerbrösel es zwischen den Händen.
Sieh dem Staub nach, den der warme Wind zwischen die reifen
Maisfelder weht.
Und jetzt mach aus deinen Armen einen großen Kreis und halt ihn
der Sonne entgegen. Mach deine Augen dabei zu,
spür bloß die Wärme.
Und atme tief den Geruch der Erde und der Maisblätter.
Bleib so lang wie möglich draußen zwischen den Feldern.
Geh erst zurück, wenn die Sonne verglüht ist und hinter
dem Wald verschwindet.
Geh zurück und erzähl, was du erlebt hast.

Frieder Stöckle

In ganz behutsamen Bildern und Worten wird von der Schönheit erzählt, die wir in unserer allernächsten Umgebung entdecken können, wenn wir uns mit offenen und staunenden Augen davon anrühren lassen.

Anregung:

Den Text vorlesen und dann das mit bunten Farben malen lassen, was wir erfahren haben; Bilder von Gottes Schöpfung malen.
Lieder singen und spielen, die von Gottes Schöpfung freudig erzählen.

* Sonne, zeig mir dein Gesicht

T: aus Finnland; übersetzt von Hans Baumann
M: Hans Baumann

2. Sonne, sing dein Morgenlied, daß ein Sonnentag erscheine!
Weck die Vögel, Bäume, Steine, weck das Große, weck das Kleine
auf mit deinem hellen Lied! Sonne, sing dein Morgenlied,
daß ein Sonnentag erscheine!

** Die Geldbörse in der großen Einkaufstasche

Renate verliert ihre Geldbörse, aber es gibt einen ehrlichen Finder.

Sich freuen über etwas, was man verloren hat und wiederbekommt; Erleben von Ehrlichkeit und Dankbarkeit; freundliche erwachsene Mitmenschen; großer Kummer wird geheilt.

„Renate!" rief die Mutter: „Kannst du schnell zu Frau Neumann laufen und mir etwas besorgen? Ich habe alles, was ich brauche, aufgeschrieben und den Zettel in die Geldbörse gesteckt."
Renate nahm die Einkaufstasche mit der Geldbörse und lief zum Laden an der Ecke.
Vor dem Schaufenster blieb sie stehen und besah sich all die Herrlichkeiten darin. Die Schokoladenfiguren und Pralinenkästen, die kunstvoll aufgebauten Konservendosen und Marmeladengläser, und mittendrin ein riesiger Bär aus Pappe.
Da kam ein großer schwarzer Hund, schnupperte an Renates Beinen und begann plötzlich laut zu bellen! – Renate ließ vor Schreck die Einkaufstasche fallen, hob sie aber gleich wieder auf und rannte in den Laden.
„Na, kleines Fräulein, was möchtest du denn haben?" fragte Frau Neumann freundlich.
„Mama hat alles aufgeschrieben, und hier ist – hier ist – –", Renate langte in die Tasche –, wo war die Geldbörse mit dem Zettel? Die große Tasche war leer! Verzweifelt blickte sich Renate um. Gerade fragte Frau Neumann: „Hast du den Zettel verloren?" * Da kam ein kleiner Junge in den Laden gestürmt und rief: „Frau Neumann, ich habe draußen vor dem Schaufenster diese Geldbörse gefunden!" Es war Renates Börse! Sie mußte herausgefallen sein, als der große Hund kam.
Erleichtert gab sie Frau Neumann den Zettel. Die Tasche wurde mit den gewünschten Waren vollgepackt, und obendrauf legte Frau Neumann noch eine große Apfelsine für Renate.
„Für den Schrecken, den du gehabt hast!" meinte Frau Neumann.
Renate wollte dem freundlichen Jungen die Apfelsine gleich weiterschenken.
So froh war sie, daß doch noch alles gut geworden war.
Aber Frau Neumann hatte auch eine Apfelsine für ihn.

Ursula Fack

Der Text bietet ein Erlebnis und eine Erfahrung, die mancher junge Zuhörer bereits hinter sich hat: Etwas, was sehr wichtig ist, was einem anvertraut wurde, ging verloren. Die Gründe, die zu dem Verlust führen, können ganz unterschiedlich sein. In diesem Fall ist es das Erschrecken vor einem unbekannten Hund. Möglichkeit: Den Text bis * lesen und darüber sprechen, wie es weitergehen kann. Was würdest du tun? Zurücklaufen? Der Verkäuferin erklären, wie es passiert sein kann… oder?
Wie hast du dich in einer ähnlichen Situation verhalten? Hat dir jemand geholfen? Welche Lösung hat es gegeben?
Danach den zweiten Teil der Geschichte vorlesen. Renate ist eine große Last abgenommen worden. Wie verhält sie sich gegenüber dem ehrlichen Finder? Wie wird Renate künftig der freundlichen Frau Neumann begegnen? Was wird sie zu Hause und anderswo über sie erzählen?

Anschlußmöglichkeit:

Gleichnis vom verlorenen Groschen.
Lied „Mein Geld ist weg", in: R. Krenzer (Hrsg.): Regenbogen bunt und schön, Verlag Ernst Kaufmann, Lahr und Kösel-Verlag, München.

*** Wenn du mal allein bist

Wenn du mal allein bist, hast du Zeit, um über dich und über andere nachzudenken; du kannst dir ausdenken, wie du mit anderen besser zusammenleben kannst und kannst dir selbst etwas vornehmen.

Bewußt werden des eigenen Ichs, der eigenen Situation; Nachdenken über positive und negative Möglichkeiten des Zusammenlebens mit anderen; Anregungen zum eigenen Handeln.

Wenn du mal allein bist, kannst du dir was überlegen…
Du kannst den Tisch aufräumen und die Blumen gießen.
Wenn du mal allein bist, kannst du dir eine Überraschung überlegen. Putz einfach mal ein Paar Schuhe, kehre die Treppe oder räum dein Zimmer auf.
Wenn mal deine Mutter weg ist, und du nicht weißt, was du tun könntest, überleg etwas: Was müßte deine Mutter jetzt als erstes machen, wenn sie nach Hause kommt? Kannst du das auch machen? Spülen, Aufräumen, Staubsaugen?
Stell einfach mal deine Bücher zurück ins Regal und zieh deine Bettdecke glatt. Häng deine Kleider über den Stuhl und räum deine Spielsachen weg, deine Mutter wird sich freuen…

Vielleicht kannst du auch was im Garten machen.
Mach solche Sachen, die man am wenigsten vermutet, damit überraschst du am meisten: putz einfach mal das Waschbecken oder wisch den Tisch ab, wenn er nicht sofort sauber wird, dann putz halt zweimal. *
Du kannst deiner Mutter oder deinem Vater auch einen Brief schreiben. Darüber freuen sie sich. Briefe sind immer sehr willkommen, weil man weiß, daß jemand, der einen Brief schreibt, sich etwas genau überlegt hat. Was könntest du schreiben?
Vielleicht über etwas, was du dir schon lange wünschst?
Vielleicht über etwas, über das du dich schon lange ärgerst?
Vielleicht möchtest du einfach etwas Liebes schreiben?
Vielleicht könntest du auch erklären, wovor du Angst hast, was dir Angst macht?
Du könntest aufschreiben, was dir an deiner Mutter besonders gefällt…
Und du könntest sie in dem Brief bitten, dir auch mal einen Brief zu schreiben. Dabei könntest du deiner Mutter vorschlagen, was sie dir schreiben könnte…
Natürlich kannst du auch aufschreiben,
wie du dir deine Mutter vorstellst,
was anders sein könnte…
Und mal ein Bild dazu. Oder such eine
besonders schöne Blume.
Leg ihr den Brief unter das Kopfkissen…

Frieder Stöckle

Der Text kann auch in zwei Teilen, getrennt und unabhängig voneinander (erster Teil bis *; zweiter Teil: Wenn du mal allein bist, kannst du deiner Mutter oder deinem Vater einen Brief schreiben) vorgestellt werden.
Erfahrungsgemäß werden Kinder zunächst erklären, daß sie in dieser Form selbst noch nie nachgedacht haben. Aber bald werden einige sich zu Wort melden und über ganz ähnliche Vorstellungen und Wünsche berichten. Vielleicht haben einige die hier gemachten Vorschläge schon einmal ausprobiert.
Ähnliche Vorschläge können dann aufgenommen werden.

Möglichkeiten:

Erzähle, schreibe auf, was du dir vom anderen wünschst, vom Vater, von der Mutter usw.
Überlege, erzähle, schreibe auf, was sie sich vielleicht von dir wünschen.
Auch Bilder und Zeichnungen können zu diesem Thema entstehen.
Jeder Mensch braucht Zeit, über sich und seine Situation nachzudenken, um sich

bestimmte Dinge vornehmen zu können, die ein besseres Miteinander ermöglichen, sich über sich selbst bewußt zu werden, Erlebnisse und Erfahrungen für sich selbst zu verarbeiten und sich daraus neue Möglichkeiten, Verhaltensweisen usw. nicht nur emotional, spontan, sondern auch bewußter vorzunehmen. Gerade ein solches Textangebot macht deutlich, daß es im Religionsunterricht und im Kindergottesdienst Zeit dafür gibt, um über sich selbst und das Umgehen mit anderen nachzudenken und aus diesem Bewußtwerden der eigenen Situation nach neuen Wegen zu suchen.

*** Taschengeld

Taschengeld ist eine schöne Sache, aber es ist auch schnell ausgegeben, fast immer zu schnell.

Eigenes Taschengeld; Möglichkeit, eigene Wünsche zu erfüllen; Umgehen mit Geld; ausgeben – sparen; Geld für andere geben; mit anderen teilen.

T: Rolf Krenzer
M: Siegfried Fietz

2. Das ist eine Frage,
die sich jeder stellt:
Warum ist es so schnell davon,
das bißchen Taschengeld?
Geburtstage, gleich zwei, oh Graus,
so dacht' ich vor mich hin.
Da spare ich und geb' nichts aus,
daß ich bei Kasse bin,
daß ich bei Kasse bin.

3. Ja, das ist die Frage,
die sich jeder stellt:
Warum ist es so schnell davon,
das bißchen Taschengeld?
Am Monatsende hab' ich dann
manch schöne Mark gespart,
die ich aufs Sparbuch bringen kann.
Ich bleibe diesmal hart,
ich bleibe diesmal hart.

4. Ja, das ist die Frage,
die sich jeder stellt:
Warum ist es so schnell davon,
das bißchen Taschengeld?
Ein Eis, ein Würstchen mit Salat
hab' ich mir heut spendiert.
Dann Kino noch und Hallenbad.
Das hat mich ruiniert,
das hat mich ruiniert.

5. Ja, das ist die Frage,
die sich jeder stellt:
Warum ist es so schnell davon,
das bißchen Taschengeld?
Heut morgen fühlt ich mich noch stark.
Jetzt packt mich doch der Schreck.
Es waren einmal dreizehn Mark,
und die sind fast schon weg,
und die sind fast schon weg.

Die Höhe des Taschengeldes ist nicht entscheidend. Aber das Taschengeld , das in einer bestimmten Höhe von den Eltern dem Kind geschenkt wird, macht es in bestimmten Situationen und im Bereich seiner Kaufkraft unabhängig.
Es kann selbst darüber verfügen, wo und wie es dieses Taschengeld ausgibt. Dafür gibt es notwendige und wünschenswerte, aber auch unnütze Anlässe.

Impulse: Nachdenken und berichten über das eigene Taschengeld und was man in der vergangenen Woche, im vergangenen Monat damit angestellt hat. Ob das Taschengeld gereicht hat, ob es sehr schnell zu Ende war, ob man etwas gespart hat, was man für sich/für andere ausgegeben hat.

Fragen:

Warum geben mir meine Eltern Taschengeld?
Was kann ich alles damit anfangen?
Kann ich von meinem Taschengeld auch Opfer bringen oder ist das, was ich z. B. in den Opferstock lege oder als Kollekte gebe, kein eigenes Opfer oder ein zusätzliches Opfer der Eltern?

** Der Papierdrachen

Der selbstgebastelte Papierdrachen schenkt einen ganzen Nachmittag lang Freude. Beim Herunterholen aber verfängt er sich in einer Kastanie, zerreißt und bleibt dort hängen.

Gemeinsames Vorbereiten; gemeinsamer freudig erlebter Nachmittag, aber auch jähes und unerwartetes Ende; Einmaligkeit, Unwiederholbarkeit eines Erlebnisses; Erfahren, daß trotz des wenig schönen Abschlusses das schöne und alle glücklich gemachte Erlebnis bleibt.

Der Vater baute zusammen mit seinen Kindern einen Drachen.
Ein großes Holzkreuz wurde aus zwei leichten Leisten mit einem Stift zusammengenagelt. Außenherum mit dünnem Bindfaden umspannt. Um diese Rohform dunkelblaues Pergamentpapier geklebt. Der Drachen bekam noch Augen, Nase und Mund sowie einen langen Schwanz. Zuletzt wurde die hundert Meter lange Drachenschnur daran befestigt. Wunderschön sah der Drachen aus.

Als dann endlich ein richtiger, nicht zu starker Wind wehte, zog der Vater mit den Kindern los. Sie gingen auf ein großes Stoppelfeld hinter der Stadt. Nach mehreren Versuchen stieg der Drachen wirklich hoch in die Luft. Er stieg höher und höher, bis das Seil ganz abgerollt war. Da stand er nun in der Luft, leicht vom Wind hin und her bewegt.
Die Freude war groß!
Nach einer geraumen Zeit wollten sie den Drachen wieder herunterholen. – Da geschah es: Das Seil war etwa zur Hälfte aufgewickelt. Der Drachen zog und zerrte an der Schnur, als ob er wieder hoch wollte. – Plötzlich kam eine Windbö, drückte den Drachen blitzschnell nach unten, und er raste auf vier hohe Kastanienbäume zu, die in einiger Entfernung standen. Der Vater rannte noch – um den Drachen aus der Gefahrenzone zu bringen, aber zu spät.
Der schöne Drachen verfing sich in den Ästen eines der Bäume. Sein Papier zerriß! Er saß so fest und so hoch, daß wir ihn nicht herunterholen konnten.
Der Vater kappte das Seil und traurig gingen wir ohne Drachen nach Hause.
Später gingen wir noch einmal dorthin und sahen uns die traurigen Reste des Drachens an, dessen Gerippe arg zerzaust in den inzwischen kahl gewordenen Ästen der Kastanie hing.

Ursula Fack

Zunächst endet die Geschichte traurig: Der Drachen ist kaputt. Er wird nie mehr hochsteigen. Und alle Mühe und Arbeit, die in den Drachen von dem Vater und seinen Kindern hineingesteckt wurde, waren umsonst.

Gesprächsimpuls: War die Mühe, die der Vater und seine Kinder aufgewendet haben, um den Drachen zu bauen, wirklich umsonst? – War es ein schlimmer Nachmittag? – Oder war es trotzdem ein schöner Nachmittag?

Möglichkeiten der Erarbeitung:

Eigentlich war das Drachenbasteln schön, denn Vater und Kinder hatten Zeit füreinander und freuten sich bereits auf das Erlebnis des Drachensteigens.
Und wirklich, der Drachen steigt hoch! Gemeinsam dürfen sie erleben, daß sich ihre Mühe gelohnt hat.
Was später geschieht, ist weniger schön. Trotzdem bleibt das schöne Erlebnis des Nachmittags bestehen. Jeder Drachen wird einmal kaputtgehen.
Aber die Erinnerung an das, was man mit seinen Eltern, mit seinen Freunden, mit Menschen, die man lieb hat, erlebt hat, wird bleiben. Und ähnliche Erlebnisse – vielleicht mit einem anderen Drachen oder mit etwas ganz anderem – können

wiederkehren und – weil in der Geschichte bewußtgemacht wird, daß sie nicht ewig dauern – auch bewußter erlebt werden.

*** Fahrradpause

Aus nichtigem Anlaß zerbricht eine Freundschaft. Aus einem Gefühl der Stärke heraus ist Hans nicht bereit, die nur für ihn erreichbaren Kirschen mit Benno zu teilen.

Freundschaft; Bewährung in der Freundschaft; Gründe, die zu einem Bruch, zu einem Abbruch führen können; Freundschaft heißt auch Verantwortung für einen anderen Menschen zu übernehmen.

Weit und breit ist niemand zu sehen.
Die Hitze flimmert über den Kornfeldern.
Mittag. Träge schwingt sich ein Bussard von einer Fichtenkrone auf und fliegt mit langsamen Flügelschlägen tiefer in den Wald.
Hans und Benno sind mit dem Fahrrad unterwegs. „Irgendwohin", hatte Hans gesagt. Und Benno war mitgefahren. Hans ist drei Jahre älter und auch größer als Benno. Benno macht meist, was Hans vorschlägt.
„Dort drüben ist ein Kirschenbaum", Benno hat ihn zuerst gesehen.
„Wo?" Hans ist aufgesprungen.
Mit ein paar Sätzen ist er am Baum. Dunkle pralle Herzkirschen leuchten herunter. Man kann die Äste von unten nicht erreichen.
Der schmale glatte Stamm ist ziemlich hoch.
Hans und Benno überlegen. Eine Leiter ist nicht da. Hans zieht die Schuhe aus, weil man barfuß besser klettern kann. Der Stamm ist zu hoch. Hans schafft ihn nicht.
Also lehnen sie Bennos Fahrrad an den Stamm. Benno steht auf dem Sattel und hält sich am Baum fest.
Und Hans steigt Benno auf die Schulter. Er packt den untersten Ast und schwingt sich hoch. Bequem in einer Astgabel sitzend, fängt er sofort an zu essen. Die Kerne spuckt er ins Gras.
Benno wartet ein Weilchen, aber dann möchte er auch Kirschen.
Hans soll welche runterwerfen. Der läßt sich nicht stören, er rupft Kirschen ab und stopft sie in den Mund. In gleichmäßigen Abständen kommen unten die Kerne an.
„Wer hat, der hat", meint er und schnappt wieder nach einer besonders prallen Kirsche.

Betteln will Benno nicht. Er wartet nochmal und macht dann den Vorschlag, daß Hans nachher ihm beim Raufsteigen helfen könnte, wenn er genug hat.
„Schlag dir's aus dem Kopf. So schnell geh ich da nicht wieder runter", sagt Hans und spuckt seinen Kern in weitem Bogen hinaus.
Benno sieht über sich bloß die nackten Füße von Hans baumeln.
Zwischen den Zehen hängen noch kleine Rindenstücke.
Eine kalte Wut steigt in ihm hoch. Er spürt, wie er ein anderer wird, wie es ihn umdreht. Benno springt vom Sattel, nimmt ein Stück harte Erde, die verklumpt am Boden liegt, und schleudert sie zu Hans in die Kirschbaumkrone. Der zieht die Füße an und lacht bloß...
Noch einen Moment bleibt Benno am Kirschbaum stehen. Dann nimmt er wortlos sein Fahrrad und fährt weg.

Frieder Stöckle

Bestimmt haben sich beide Jungen auf diese Fahrradtour gefreut. Dann kommt es zum Bruch, weil Hans nicht bereit ist, die Kirschen, die er allein pflücken kann, mit dem Freund zu teilen.

Gesprächsimpulse:

Wie hättest du dich an Bennos Stelle verhalten?
Wie wird die Geschichte weitergehen? Ist die Freundschaft aus? Was könnte Benno tun? Was müßte Hans tun?
Wie kann es kommen, daß Hans so handelt? (Gefühl der Stärke? Augenblickliche Laune? Unüberlegtheit?)
Hast du ähnliche Erlebnisse wie Benno schon gehabt? Wie hast du sie bewältigt?
Bist du auch schon einmal ähnlich wie Hans gewesen? Wie hast du dich nachher gefühlt? Wie denkst du heute darüber?

Vorschlag für ein Rollenspiel:

Die Geschichte genauso nachspielen, aber dann überlegen und spielen, wie es mit den beiden Jungen weitergeht.

Als Anschluß und Ausgangspunkt zu weiteren Gesprächen kann das folgende Gedicht angeboten werden.

** Streit

Wie es zum Streit gekommen,
weiß ich nicht mehr.
Nur sind die Nachmittage jetzt
öde und leer.

Seit Freitag lauf' ich einfach so
allein herum.
Ich schimpf' auf dich und schimpf' auf mich.
Es ist zu dumm.

Ich hab' dir sicher wehgetan,
hab' dich verletzt.
Und du warst auch nicht nett zu mir.
Und was ist jetzt?

Seit Freitag suche ich nach dir.
Verraucht die Wut.
Wer von uns sagt zuerst: Ich bin
dir wieder gut?

Rolf Krenzer

Aus: R. Krenzer (Hrsg.), Magazin: Freundschaft, Hirschgraben-Verlag, Frankfurt/Main.

Lieder zum Thema:

„Streit, Streit, Streit" (Biblische Spiellieder zum Misereor-Hungertuch aus Haiti, Misereor, Aachen und Impulse-Musikverlag, Drensteinfurt).
„Traum gegen den Krieg" (LP/MC und Liedheft: Ein Regenbogen bunt und schön, Abakus-Schallplatten, Greifenstein 2 und Studio Union im Lahn-Verlag, Limburg).

*** Einen Abend Robinson sein

Eine Fahrt über einen See in den Ferien wird zum Abenteuer, weil plötzlich ein Unwetter aufzieht.

Angst erleben; auch Erwachsene haben Angst; Ausgeliefertsein des Menschen gegenüber Naturgewalten; Vertrauen, Hoffnung.

Ferien in Finnland. Unsere Hütte am Ufer des großen Sees ist mindestens zehn Kilometer vom nächsten Dorf entfernt. Während der vergangenen Tage war das Wetter ziemlich wechselhaft gewesen, mal Sonne, mal Gewitter und Regen. Wir wollten unseren Urlaub richtig spannend beenden und die letzte Nacht auf der kleinen Insel verbringen.
Die Vorbereitungen waren schnell getroffen. Genug Fleisch zum Braten am offenen Feuer eingepackt, dazu ein paar Decken und wärmere Kleider.
Am späten Nachmittag hellte sich der Himmel auf. Wir verstauten unsere Sachen in dem Kahn und stießen vom Bootssteg ab. Unsere Bekannten starteten zur gleichen Zeit.
Die Insel liegt ziemlich in der Mitte des Sees, etwa einen Kilometer weit draußen. Das Rudern war nicht besonders anstrengend; wir waren es auch gewohnt, denn wir hatten die Insel fast jeden Tag angesteuert. Es gibt dort Heidelbeeren und Pilze in Fülle, nur die lästigen Mücken sind noch zahlreicher.
Obwohl unser Kahn ganz schön beladen war, hatten wir die Überfahrt in knapp fünfzehn Minuten geschafft. In der glatten Fläche des Sees spiegelte sich die schon tief stehende Sonne.
Auf der Insel suchten wir in dem dichten Wald trockene Äste zusammen und machten auf dem freien, sandigen Uferstreifen unser Feuer.
An langen Stöcken brieten wir Schnitzel über den Flammen und rösteten dicke Brotscheiben, die köstlich schmeckten.

Völlig unvorbereitet traf uns der erste Donnerschlag. „Wie aus heiterem Himmel“, dachte ich und sah erschreckt nach oben. Der Himmel hatte sich mit einer schweren grauen Wolkendecke bezogen. Jetzt folgten Blitz und Schlag so häufig, daß wir uns ängstlich um das Feuer duckten. Mit allem hatten wir gerechnet, nur damit nicht. Noch nicht einmal an ein Zelt hatten wir gedacht. Um uns war es dunkel geworden; nun kam auch ein Sturm auf. „Zurück zum Kahn!“ schrie mein Vater. „Wir müssen sehen, daß wir unsere Hütte erreichen, bevor es richtig losgeht!“

Wir sprangen in den Kahn, griffen nach den Rudern und legten ab. Aber es schien unmöglich, die kleine Bucht zu verlassen. Der bei unserer Anfahrt spiegelglatte See war vom Sturm aufgewühlt. Große Wellen, wie wir sie noch nicht gesehen hatten, schlugen uns entgegen und drückten den Kahn wieder ans Ufer. Dazu blitzte und donnerte es. Das Unwetter zog rasch näher. Schon fielen die ersten Tropfen.
Wir machten einen neuen Versuch, ruderten wie besessen und kamen endlich vom Strand weg.
Meine Schwester kauerte ängstlich unter ihrer Decke ganz hinten im Kahn und schrie jedesmal auf, wenn wir von einer Welle hochgehoben wurden. Unsere Eltern gaben sich ruhig, sie waren aber sicher nicht weniger erregt als ich. Wieder stieg der Bug des Kahns hoch und klatschte nach einem Augenblick zurück auf das Wasser.
Zuerst hatten wir versucht, uns mit unseren Bekannten durch Zurufe zu verständigen. Das mußten wir bald aufgeben, da wir ihren Kahn aus den Augen verloren.
Der Sturm nahm noch zu. Gischt spritzte über die Bordwände. Der Regen trommelte und peitschte uns ins Gesicht.
Ich hatte von Anfang an die Blitze beobachtet und wartete jedesmal mit Zittern und Bangen auf den nächsten. War es nicht viel gefährlicher, zurückzurudern, anstatt während des Gewitters auf der Insel zu bleiben? Mein Vater schien zu spüren, was ich dachte, denn er sagte auf einmal: „Wenn die Insel nicht so dicht mit Fichten bewachsen wäre, hätten wir ja dort warten können, bis alles vorbei ist."
Meine Mutter meinte: „Auf dem Wasser ist es jetzt doch mindestens so gefährlich wie unter einem Baum."
„Ich sehe aber, daß wir nicht mitten in das Unwetter geraten. Die Blitze zucken alle seitlich von uns runter, ziemlich weit weg", entgegnete Vater.
Wir ruderten angestrengt. Unsere Muskeln strafften sich bei jedem Zug. Und doch konnten wir nicht feststellen, ob wir den Kahn weiterbrachten. Er schien festzusitzen.
Als wir am Nachmittag zur Insel aufgebrochen waren, hatte meine Mutter erwartungsvoll von diesem Abend gesprochen; es müsse schön sein, einmal für ein paar Stunden wie Robinson zu leben.
Jetzt fragte meine Schwester: „Ist der Sturm so wie der, in dem Robinson Schiffbruch erlitt?"

Verbissen ruderten wir weiter und gaben die letzten Kraftreserven, die wir hatten. Mir fiel es schwer, das Ruder noch so gleichmäßig wie mein Vater einzutauchen und durchzuziehen. Ich hatte das Gefühl, meine Arme würden aus den Gelenken gerissen.

Und dann war plötzlich alles vorbei. Der Sturm flaute von einer Minute zur anderen merklich ab. Es wurde zunehmend heller. Als ich mich umdrehte, konnte ich schwach das Ufer wahrnehmen. Wenig später sah ich die Umrisse unserer Hütte und des Landungssteges; keine hundert Meter mehr waren wir davon entfernt. Aus der entgegengesetzten Richtung kam der Kahn unserer Bekannten in Sicht. Wir winkten und riefen. „Alles in Ordnung!" schallte es zurück.
Später hockten wir alle vor dem offenen Kamin und kuschelten uns in die Wärme, die von den knisternden Birkenscheiten aufstieg.

Ingo Krenzer

Aus: Rolf Krenzer (Hrsg.): Magazin: Spannung, Hirschgraben-Verlag, Frankfurt/Main.

Die spannende Geschichte wird von einem etwa gleichaltrigen Jungen aus seiner Sicht erzählt, so daß ein Identifizieren mit seiner Angst und seiner Hoffnung möglich ist. Es wird deutlich, daß selbst die Anwesenheit der Eltern in einem solchen Fall die Angst nicht nimmt, daß aber das gemeinsame Vertrauen, daß gemeinsame Anstrengung neue Kräfte geben und daß auch in der ausweglos scheinenden Situation Hoffnung bleibt. Die Geborgenheit am Ende der Geschichte wird bewußter erlebt, wenn sie nach einem solchen Erlebnis tatsächlich wieder da ist.

Gesprächsimpuls:

Kann man sich in einer solchen Situation an Gott wenden?
Gebet zu Gott, Bitte um Trost und Hilfe; Vertrauen auf Gott.

Hierzu: Stillung des Sturmes, Lukas 8,22–25; Matthäus 8,23–27; Markus 4,35–41

* Sturm, sei still!

Jesus ist stärker als der Sturm. Er gebietet den Naturgewalten.

Lukas 8,22–25; Matthäus 8,23–27; Markus 4,35–41

Jesus und seine Freunde stiegen in ein Schiff und wollten über den See Gennesaret fahren.
Jesus war müde. Deshalb legte er sich im Boot hin und ruhte sich aus. Plötzlich wurde es windig.

Der Wind wuchs zu einem Sturm.
Der Sturm heulte. Die Wellen, die vorher
ruhig geplätschert hatten, schlugen hoch,
so daß das Boot immer stärker schaukelte.
Es schaukelte so sehr, daß die Menschen
immer ängstlicher wurden.
Sie klammerten sich am Bootsrand fest und
wußten vor Angst nicht mehr aus noch ein.

Nur Jesus merkte nichts von dem Unwetter. Er schlief ruhig im Boot.
Als ihre Angst immer größer wurde, weckten die Freunde Jesus und riefen:
„Wir haben Angst! Wir müssen ertrinken! Was sollen wir nur tun?"
Und Jesus? Er fragte „Warum habt ihr Angst? Ich bin doch bei euch!"
Dann stand er auf und sagte: „Sturm, sei still!"
Da stürmte es nicht mehr.
Da schaukelte das Schiff nicht mehr.
Da war der See so ruhig wie vorher.
Und seine Freunde?
Alle Angst war von ihnen genommen.
Sie fühlten sich sicher, weil Jesus bei ihnen im Boot war.
Am anderen Ufer stiegen sie aus.
Keiner war ertrunken. Keinem war etwas geschehen.
Jesus ist stärker als der Sturm.
Gestern, heute und morgen.

(neu erzählt von Rolf Krenzer)

Zu dem Text findet man Bilder in Kees de Kort: Was uns die Bibel erzählt, Die Stillung des Seesturmes, Württembergische Bibelanstalt, Stuttgart, und in Helmut Wondra: Bilder und Geschichten von Jesus, Hirschgraben, Frankfurt am Main. Ein Bild, das als Kopiervorlage zum Ausmalen angeboten werden kann, befindet sich im Lehrerheft zu „Kommt alle und seid froh", ebenfalls im Hirschgraben-Verlag, Frankfurt/Main.
Im folgenden Spiellied stellt ein umgedrehter Tisch das Boot dar, in dem Jesus und die Jünger sitzen. Sie können auch in einer Reihe hintereinander auf dem Boot sitzen und mit ihren Körpern das Schwanken des Bootes und die Angst darstellen. Die Spielanweisungen ergeben sich aus dem Liedtext. Das Boot kann auch von anderen hin und her geschoben werden, um die Wildheit des Sees auszudrücken.

* Wir fahren übern See

T: Rolf Krenzer
M: Hans-Werner Clasen

2. Wir fahren übern See,
und unser Herr schläft ein.
Wir fahren übern See.
Wie wird's da draußen sein?

3. Der Sturm zieht übern See.
Ein Unwetter geht los.
Der Sturm zieht übern See.
Wie schützen wir uns bloß?

4. Ein Sturm zieht übern See.
Die Welle schlägt ins Boot.
Ein Sturm zieht übern See.
So groß ist unsre Not!

5. So stürmisch ist der See.
Was wird mit uns geschehn?
So stürmisch ist der See.
Wir werden untergehn!

6. So stürmisch ist der See.
Wir fürchten uns so sehr.
So stürmisch ist der See.
„Wach endlich auf, oh Herr!"

7. Ganz ruhig wird der See,
weil Jesus es so will.
Ganz ruhig wird der See,
und auch der Sturm wird still.

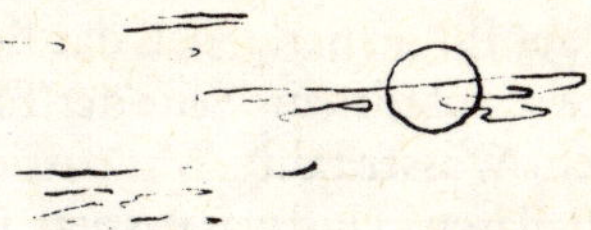

8. Wir fahren still dahin.
Und Jesus zu uns spricht:
„Wenn ich hier bei euch bin,
dann fürchtet euch doch nicht!"

Die beiden letzten Zeilen können jeweils wiederholt werden.

Aus: Rolf Krenzer (Hrsg.), Regenbogen bunt und schön, Verlag Ernst Kaufmann, Lahr und Kösel-Verlag, München.

Zuerst mit geistigbehinderten Kindern erprobt, inzwischen mit Kindergartenkindern und Grundschulkindern vielfach aufgenommen, hat Gertrud Lorenz ein ganz einfaches Spiellied in den Mittelpunkt der Meßfeier gestellt. Dieses Spiellied kann bei älteren Kindern durch das oben aufgeführte ersetzt werden, das zudem mit Orff-Instrumenten begleitet werden kann.

Meßfeier:

Jesus im Sturm auf dem See

Hinweise:

Neben dem Altar wird eine Tafel aufgestellt und Kreide bereitgelegt. Auf die eine Hälfte der Tafel wird vom Prediger ruhiges Wasser und darauf ein Boot gezeichnet. Auf die andere Hälfte soll ein Kind große Wellen zeichnen. In diesen Wellen oder auf sie zeichnet der Prediger ein Boot in möglichst schräger Lage.
Auf dem Boden vor dem Altar liegt ein Brett (ca. 20 cm x 170 cm), unter dessen Mitte 10 bis 15 kleine Steine (Durchmesser 1–1½ cm) gelegt werden, so daß es wackelt, wenn man darauf steht. Die Kinder, die sich darauf stellen wollen, sollten an beiden Händen gehalten werden.

Einführung:

Liebe Kinder, liebe Jugendliche und Sie liebe Erwachsenen und Eltern, ich begrüße Euch und Sie sehr herzlich zu unserem Gottesdienst. Wer von Euch ist schon einmal in einem Boot gefahren?

Habt Ihr gemerkt, daß das Boot immer ein bißchen wackelt? Ich zeichne etwas auf die eine Seite der Tafel. Ratet, was das ist. Das ist ein Boot, das auf dem Wasser fährt. Was passiert mit dem Wasser, wenn der Wind anfängt zu blasen? Und was passiert, wenn der Wind zum Sturm wird? Das Wasser bewegt sich. Es bilden sich große Wellen. Was passiert dann mit dem Boot? Es wackelt schrecklich.
Hier vorn liegt ein Brett. Es wackelt. Wer will spüren, wie es wackelt und darauf stehen? Ich halte denjenigen ganz fest.
Seht, dieses Brett wackelt nur ein wenig, und doch mußten alle, die darauf standen, achtgeben, und ich mußte sie festhalten. Festhalten muß sich jeder in einem Boot, das im Sturm wackelt. Wer zeichnet mir auf die zweite Hälfte der Tafel große Wellen? Auf diese setze ich nun das Boot. (Äußerungen der Kinder und Jugendlichen abwarten.) Wir sehen: Bei großen Wellen im Sturm ist es im Boot gefährlich. Da kann man Angst haben. Wir hören heute von Männern, die im Sturm Angst haben.

Eingangsgebet:

Wir wollen beten:
Jesus, Angst ist nicht schön. Angst ist schlimm. Manchmal haben wir Angst. Das Leben macht uns Angst. Wir bitten dich: Zeige uns, was wir tun können, wenn wir Angst haben. Amen.

Evangelium:

Wir hören auf die frohe Botschaft. Markus hat sie aufgeschrieben (Mk 4,35–41):

Es ist Abend.
Jesus sagt zu seinen Freunden:
Kommt, wir fahren mit dem Boot über den See.
Sie steigen ins Boot und fahren ab.
Auch andere Boote sind dabei.
Jesus schläft im Boot ein.
Da kommt ein schwerer Sturm auf.
Die Wellen werden immer größer.
Im Boot ist schon viel Wasser.
Aber Jesus merkt nichts.
Er schläft hinten im Boot.
In ihrer Angst wecken ihn seine Freunde.
Sie sagen: Herr, wir ertrinken.
Ist es dir gleichgültig?

Jesus steht auf.
Er befiehlt dem Wind und dem Wasser: Seid still.
Da legt sich der Wind.
Auch das Wasser wird still.
Dann fragt Jesus seine Freunde:
Warum hat ihr so große Angst?
Warum wird euer Glaube so klein?
Ich bin doch da.
Und alle, die dabei sind, staunen.
Sie sagen: Wer ist dieser Mann,
daß ihm sogar Wind und Wasser gehorchen?

Predigt:

Wir haben es gehört: Jesus und seine Freunde fahren über den See. Dabei erleben sie einen Sturm. Auf den großen Wellen wackelt das Boot schrecklich. Das Wasser spritzt hinein. Die Männer haben große Angst.
Angst haben ist nicht schön. Angst ist schlimm. Habt ihr schon einmal Angst gehabt?
Wenn wir Angst haben, was können wir dann tun? Wir sprechen von der Angst. Wir sagen sie der Mutter, dem Vater oder einem Freund, einer Freundin oder der Lehrerin und dem Lehrer. Wenn wir Angst haben, dürfen wir sie zeigen.
Auch die Männer im Boot zeigen ihre Angst. Und sie sagen, daß sie Angst haben. Wem sagen sie es? Sie sagen es Jesus. Sie wecken ihn auf, damit sie es sagen können. Lacht Jesus sie aus, weil sie Angst haben? Nein ganz gewiß nicht.
Und wir, wenn wir Angst haben, dann dürfen wir das einem lieben Menschen sagen. Wir dürfen es aber auch zu Jesus sagen. Wir dürfen ihn rufen, wie seine Freunde ihn gerufen haben. Wir dürfen beten und sagen: Jesus, du bist mein Freund. Ich will dir sagen, ich habe große Angst, ganz schreckliche Angst. Hilf mir, sei bei mir. Amen.

Wir wollen miteinander das Lied vom Sturm singen und dazu spielen:
(Die Gesten werden nicht nur erklärt, sondern auch vorgemacht)

* Spiellied vom Sturm

Jesus im Sturm auf dem See
T u M: Gertrud Lorenz

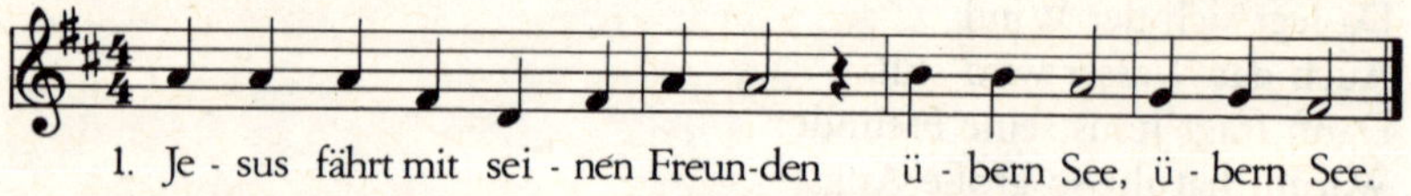

2. Jesus schläft bei seinen Freunden in dem Boot, in dem Boot.
3. Es fängt schrecklich an zu stürmen, welche Not, welche Not.
4. Und die Männer wecken Jesus. Hilf uns doch. Hilf uns doch.
5. Jesus sagt zum Sturm: Nun schweige. Es wird still. Es wird still.
6. So hilft Jesus seinen Freunden in der Not, in der Not.

Zu Vers 1: Wir zeigen mit dem Finger auf das Boot, in dem Jesus mit seinen Freunden über den See fährt. Wir zeigen langsam mit ausgestrecktem Arm von der linken Seite zur rechten Seite und tun das während des ersten Verses immer wieder.

Zu Vers 2: Wir legen die Hände flach aneinander wie ein Kissen, auf dem wir schlafen wollen, und darauf unsere Wange. Wir legen den Kopf schräg, denn aufrecht können wir nicht schlafen.

Zu Vers 3: Weil es zu stürmen beginnt, schwanken wir hin und her, so, als wenn wir in einem wackeligen Boot stehen würden. Ist der Vers zu Ende, sprechen wir ein leises Schsch, das immer lauter wird und in einem scharfen Sßß endet.

Zu Vers 4: Wir legen einander die Hand auf die Schulter und rütteln uns gegenseitig wach. Bei den Sätzen „Hilf uns doch" heben wir bittend beide Hände.

Zu Vers 5: Wir strecken dem Sturm befehlend beide Arme und Hände nach vorn. Bei den Sätzen „Es wird still" legen wir beide Zeigefinger andeutungsweise an den Mund. Wenn der Vers zu Ende ist, zeigen wir, wie der Sturm vom lauten, scharfen Sßß zum Schsch wird, das schließlich ganz leise wird und dann endet.

Zu Vers 6: Wir klatschen.

(Das Lied, von Gertrud Lorenz, gesungen, ist auf der Musicassette CS 9 „Biblische Spiellieder" erschienen beim Deutschen Katecheten-Verein e. V., Preysingstr. 83 e, 8 München 80.)

Wort an die Erwachsenen:

Meine lieben Zuhörer, die Erzählung vom Seesturm will uns eine urmenschliche Situation aufzeigen: Das Schiff unseres Lebens ist auch so manches Mal umtobt von Sturm und in Gefahr. Wir werden durch-

geschüttelt. Es wird uns nichts geschenkt. Wir erleben Situationen, die uns Angst machen.
Ursprünglich meint diese Geschichte die Situation der jungen Christenheit. Sie will dazu auffordern, auch in Leid, in Gefahr und Angst Glauben zu haben und zu vertrauen.
Diese Geschichte meint jedoch auch uns. Es gibt so vieles im Leben, das uns Angst machen kann: Die Unsicherheit der Zukunft, die Anforderungen des Berufes, die Lieblosigkeit der Umwelt und vieles andere mehr. Auch uns gilt die Frage Jesu: Warum habt ihr Angst? Habt ihr keinen Glauben? Sie soll uns ermutigen: Glaubt doch, habt doch Vertrauen. Ich lasse euch nicht im Stich.
Weil Jesus ein Mensch war, wie wir alle, kannte er die Angst. Seine Angst am Ölberg wird uns ja ganz drastisch geschildert. Darum dürfen wir darauf vertrauen, daß er um unsere Ängste weiß und sie versteht. Die Bekanntschaft mit ihm und unser Rufen nach ihm, ja vielleicht unser aus tiefstem Herzen kommendes Schreien kann uns helfen und ermutigen, uns innerlich gefaßter und ruhiger werden lassen. Glauben heißt ja nichts anderes, als sich darauf verlassen, daß Jesus uns gerade in der Not in einer nicht beschreibbaren Weise nahe ist.
Seien wir aber auch für unsere Kinder und Jugendlichen und die Erwachsenen da, wenn sie Angst haben. Nehmen wir sie und ihre Ängste ernst, auch wenn diese uns klein und unwichtig oder gar lächerlich erscheinen. Lachen wir sie auf keinen Fall aus. Jesu Nähe erfahren sie durch uns. Durch uns sollten sie die Gelegenheit haben, in das Vertrauen auf ihn hineinzuwachsen.

Fürbitten:

Jesus, du bist bei deinen Freunden gewesen, als sie Angst hatten. Du hast sie nicht ausgelacht. Wir bitten dich:

Für alle Kinder, die Angst haben: Gib ihnen Menschen, die ihnen dann beistehen.
Alle: Wir bitten dich, erhöre uns.

Für die Erwachsenen, die in ihrer Angst allein sind: Ermutige sie, sich in der Angst an dich zu wenden.
Alle: Wir bitten dich, erhöre uns.

Für alle, die Angst vor der Zukunft haben und sich Sorgen machen: Stehe ihnen bei. Hilf ihnen, die Stürme des Lebens durchzuhalten.
Alle: Wir bitten dich, erhöre uns.

Jesus, unser Freund, hilf uns, dir zu vertrauen. Stärke unseren Glauben an deine Nähe. Amen.

Gabengebet:

Guter Gott, hier auf dem Altartisch steht eine Schale mit Brot. Hier auf dem Altartisch steht ein Kelch mit Wein. Wir bitten dich: Segne das Brot und den Wein. Segne die Menschen, die damit Arbeit hatten. Amen.

Das große Dankgebet (Präfation):

Priester: Der Herr sei mit euch.
Alle: Und mit deinem Geiste.
Priester: Erhebet die Herzen.
Alle: Wir haben sie beim Herrn.
Priester: Lasset uns danken dem Herrn, unserm Gott.
Alle: Das ist würdig und recht.
Priester: Ja, Herr, wir wollen dir danken. Du bist den ganzen Tag bei uns. Du bist bei uns, wenn wir aufstehen.
Alle: Wir danken dir.
Priester: Du bist bei uns, wenn wir spielen.
Alle: Wir danken dir.
Priester: Du bist bei uns, wenn wir arbeiten.
Alle: Wir danken dir.
Priester: Du bist bei uns, wenn wir lernen.
Alle: Wir danken dir.
Priester: Du bist bei uns, wenn wir essen.
Alle: Wir danken dir.
Priester: Du bist bei uns, wenn wir schlafen.
Alle: Wir danken dir.
Priester: Und darum sind wir froh und wollen dir ein Lied singen.

Friedensgruß:

Bevor wir das heilige Brot essen, wollen wir uns die Hände geben. Damit zeigen wir: Wir wollen nicht streiten. Wir wollen nicht unfreundlich sein. Wir wollen gut miteinander sein.

Schlußgebet:

Wir wollen beten: Jesus, unser Freund, der Gottesdienst ist zu Ende. Wir sind froh. Wir haben gehört, daß wir unsere Angst einem lieben Menschen

sagen dürfen. Wir haben gehört, daß wir unsere Angst dir sagen dürfen. Dafür danken wir dir.
Wir bitten dich, hilf unseren Eltern, daß sie Glauben haben. Ermutige sie, daß sie dir vertrauen. Amen.

Gertrud Lorenz

Aus: Krenzer/Rogge: Methodik der religiösen Erziehung Geistigbehinderter, Verlag Ernst Kaufmann, Lahr und Kösel-Verlag, München.

** Bäume im Wald

Der Großvater zeigt seinem Enkel im Wald die Schönheit einzelner Bäume; Thomas sieht den Wald jetzt mit anderen Augen.

Dinge entdecken, an denen man sonst achtlos vorübergeht; etwas über Gottes Schöpfung erfahren; Staunen über Tiere und Pflanzen.

„Gehst du mit mir in den Wald?“ fragte der Großvater Thomas. „Ich möchte dir dort etwas zeigen.“
Thomas ging gern mit dem Großvater spazieren. Es gab kaum ein Tier, keine Pflanze, die der Großvater nicht kannte, und über die er nicht eine kleine Geschichte zu erzählen wußte.
Unterwegs sagte der Großvater: „Du hast mir vor einigen Tagen ein Bild mit einem Baum gemalt. Das Bild war sehr schön, aber ich glaube, du hast noch nie gesehen, wie ein Baum wirklich aussieht. Das will ich dir heute einmal zeigen.“
Im Wald angekommen, empfand Thomas, wie schön es dort war.
Kein Autolärm. Nur das leise Rauschen der Blätter im Wind und Vogelgezwitscher. Er schnupperte in die Luft und sagte: „Großvater, es riecht hier im Wald so gut.“
„Das machen die Bäume, sie reinigen die Luft“, kam die Antwort.
„Nun sieh dir diese Birke an“, fuhr der Großvater fort, „der Stamm ist silbrig-weiß, von schwarzen Streifen durchbrochen. Glatt und schlank reckt er sich in die Höhe. Der Stamm verjüngt sich nach oben, bis in die Spitze. Aus dem Stamm wachsen die Äste. Zuerst dicker, dann werden sie dünner. Aus den Ästen wachsen dickere Zweige und aus diesen wieder dünnere und so fort. Hier bei der Birke werden die kleinsten Zweige sehr zart und fein. Bei der Buche und der Eiche sieht es etwas anders aus. Da teilt sich der Stamm oberhalb in zwei oder mehr weniger dicke Stämme, aus

denen dann dicke Äste herauswachsen, die sich immer mehr verzweigen und spitz auslaufen. Es gibt viele verschiedene Bäume und sie haben alle ihren Namen. Jede Baumart hat ihre eigene äußere Gestalt, eine besondere Holzmaserung und ihre eigene Blattform sowie eigene Früchte.
Thomas staunte nur. Was der Großvater alles wußte! Dann schaute er sich noch mehr Bäume ganz genau an. Er hatte gar nicht gewußt, daß Bäume so interessant und so schön sein können. Und jeder Baum war anders. „Gott gibt jedem Geschöpf sein eigenes Leben!“ sagte der Großvater leise. „Und jedes sieht anders aus. Aber man muß schon genau hingucken, um das Besondere an ihm zu entdecken!“

Ursula Fack

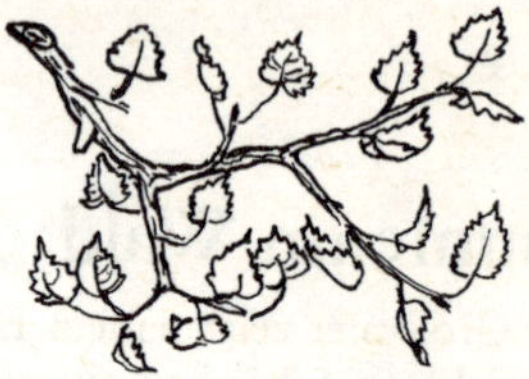

Der Text regt an, über eigene Erlebnisse zu berichten, von Gottes Schöpfung, die man erfahren und erlebt hat, zu erzählen.

Anregungen:

Bilder malen, allein oder mit anderen zusammen, die zeigen, was es im Wald alles zu sehen gibt. Betrachten von Fotos, Dias usw.
Gemeinsamer Spaziergang: Sammeln von Dingen, die man im Wald entdeckt, z. B. Wurzeln, Kastanien, Eicheln, um daraus lustige Tiere und sonstige Figuren zu basteln.

** Ein Ich-versteh-dich-Spiel

Wenn man sich nicht durch Worte so schnell beleidigen und verletzen läßt, etwas ganz anderes tut oder spricht, als der andere von einem erwartet, kann man unter Umständen eine bessere Situation schaffen.

Miteinander leben; einander besser verstehen; etwas Neues wagen.

Wenn dir jemand die Zunge rausstreckt,
dann erzähl ihm, wieviel Stroh dein Hamster in der Woche braucht.
Wenn zu dir jemand „blöde Sau, blöde“ sagt,
dann zeig ihm, wie man mit Daumen und Zeigefinger einen Schiedsrichterpfiff machen kann.

Wenn dir dein Freund seine Spielsachen nicht mehr gibt,
dann schieß einen was-hast-du-bloß-Pfeil durch sein offenes Fenster.
Wenn dich deine Freundin einfach stehen läßt,
dann warte auf sie am anderen Morgen an der Kreuzung – du weißt schon wo.
Wenn dich das Fräulein Kühnhöflein dauernd drannimmt, obwohl sie weiß, daß du in Mathe nicht besonders bist,
dann erkläre ihr, wie man ein Aquarium reinigt (oder warum eine Langlaufskibindung anders gebaut ist als eine Abfahrtsbindung).
Wenn der Busfahrer immer gerade bei dir mit dem Schimpfen loslegt,
dann frag ihn mal, ob es schwer ist, einen Bus mit Schülern im Neuschnee zu fahren.
Wenn dein Vater nichts mehr mit dir spricht, weil er sich über deine Schularbeiten ärgert, oder darüber, daß du dein Zimmer nicht aufgeräumt hast,
dann erzähl ihm, wo man am billigsten tanken kann – du weißt solche Sachen ja von deinem Freund, dem Hausmeister.
Wenn deine Schwester schon wieder deine Farben benutzt hat,
dann bau mit ihr zusammen mal einen Farbmagnet, mit dem ihr die verlorengegangenen Farben deiner Schwester leicht einfangen könnt.
Wenn Maiers auf der Treppe vor eurer Türe schon wieder Krach gekriegt haben,
dann geh mal raus und zeig ihnen, wie man einen Besen
auf dem Kinn balanciert.
Wenn deine Tante Jasmyn beim nächsten Fest wieder
ununterbrochen von ihren Zimmerpflanzen
und von ihren Kleidern berichtet,
dann versteck dich doch mal im Schrank
und mach Töne – aber wie.
Wenn dir wieder mal richtig zum Heulen ist,
dann hol doch deine Lieblingssachen zusammen,
leg sie alle mitten ins Zimmer und setz dich
dazu…

Frieder Stöckle

Gerade weil die Vorschläge, wie man mit einer unangenehmen Situation besser zurechtkommt, so abwegig, so poetisch und so wirklichkeitsfern sind, fordern sie zum Lachen, zum Neuüberdenken und zu intensiven Gesprächen heraus, bei denen Kinder selbst weitere Vorschläge machen können.
Der Text kann gesamt, aber auch in einzelnen Sätzen vorgelesen werden.
Jeweils der erste Teil des Satzes kann auf Zettel geschrieben und ausgeteilt werden,

so daß die Kinder selbst die Ergänzung finden sollen. Wenn ein paar dieser höchst originellen, lustigen, aber ebenso nachdenkenswerten Wenn-dann-Beziehungen vorgestellt wurden, ergeben sich bestimmt ebenso originelle und reizvolle Ergänzungen durch die Kinder.

Am Ende sollte man ganz bewußt darauf aufmerksam machen, daß in der christlichen Botschaft gerade nicht das eigentlich Logische (das Reagieren auf etwas, so wie wir es gewöhnt sind) immer den Vorrang hat, sondern daß Jesus uns selbst gelehrt hat, Dinge anders zu sehen und uns anders zu verhalten, als es üblich ist und vielleicht sogar von uns erwartet wird, z. B. in der Bergpredigt, in dem Wort, daß man bei einem Angriff nicht zurückschlagen, sondern dem anderen auch die andere Wange zum Zuschlagen anbieten soll.

Ob man im weiteren Verlauf über die folgenden, von Frieder Stöckle vorgeschlagenen Anregungen, wie man ein Gefühlsdenkmal baut, spricht und nachdenkt, oder ob man es wirklich einmal gemeinsam aufnimmt und ausprobiert, muß sich aus der Situation und aus der spontanen Bereitschaft der Kinder ergeben.

*** Wie man ein Gefühlsdenkmal baut

Wie man ein Gefühlsdenkmal baut?
Das ist eigentlich ganz einfach. Man braucht gar nichts weiter dazu.
Nur sich selbst – und ein paar Freunde.
Und schon könnt ihr anfangen.
Setzt euch zunächst im Kreis auf den Boden und überlegt, für welches Gefühl ihr zuerst ein Denkmal bauen wollt.
Ein Zorndenkmal oder ein Glücksdenkmal?
Vermutlich werdet ihr euch zunächst mit einem Wutdenkmal beschäftigen.
Man hat ja doch ziemlich oft eine Sauwut – und kann dann leider nichts machen.
Wer ein Wutdenkmal bauen kann, der hat anschließend keine so schlimme Wut mehr. Ganz bestimmt, ihr müßt das mal ausprobieren.
Nachdem ihr euch darüber verständigt habt, was ihr darstellen wollt, müßt ihr euch überlegen, wie ihr es darstellen wollt.

Zum Beispiel ein Zorn- oder Wutdenkmal:

Da überlegt man natürlich zuerst:
- Was gehört zur Wut? Wie zeigt sich Wut bei den Menschen? Wie sieht ein wütender, zorniger Mensch aus?

- Auf was muß man besonders achten?
- Welche Körperteile werden durch die Wut verändert?
- Wie kann man eine Gruppenwut darstellen?
  usw.

Vielleicht mit dem Gesicht anfangen: verzerren, Zähne fletschen (wie ein angriffslustiger Hund), die Augen verdrehen, so, daß man fast bloß noch das Weiße sieht. Kinn und Unterlippe vorschieben. Das Kinn auf die Brust pressen und die Augen zu schmalen Schlitzen machen.
Dann: Fäuste ballen, Angriffstellung. Den Oberkörper leicht drehen. Eine Faust vor, mit der anderen furchtbar ausholen.
Einen Fuß vor, in den Knien etwas eingeknickt – aber nicht so, daß es etwas lasch aussieht. Es muß eher an die gespannte Situation eines 100-Meter-Starts erinnern.
Der Hals muß Falten bekommen vor Anstrengung und die Adern sollten hervortreten. Man kann z. B. auch den Unterkiefer so weit vorschieben, daß man nur die untere Zahnreihe sieht. Diese Zahnreihe sollte in die Oberlippe beißen, das wirkt.
Jetzt probt ihr mal eine Aufstellung. Zunächst im Kreis. Dann vielleicht mal in einer Reihe. Die beste Denkmalstellung ist aber doch wohl die in tiefgestaffelter Kampfstellung: Einer steht vorn, der größte, zornigste. Dann einen Schritt dahinter und seitlich etwas versetzt, der nächste usw.

Aufpassen, daß das Ganze nicht lächerlich wirkt. Wenn die Zuschauer lachen, kann es sein, daß euch das ansteckt! Dann ist es natürlich vorbei mit dem Gefühlsdenkmal. Lachende Zorndarsteller nimmt niemand ernst, das ist klar.

Ihr könnt die Wut auch so darstellen:
Ihr stellt euch zu dritt auf. Gesichter gegeneinander. Über euren Köpfen habt ihr die Fäuste geballt und zu einer kleinen Plattform zusammengerückt. Der vierte Denkmalspieler steigt jetzt hoch und stellt sich auf die geballten Fäuste. Er macht nun seinerseits dasselbe, er stellt sich aufrecht hin und hält die geschlossenen Fäuste hoch über seinem Kopf.

In einem normalen Zimmer kann man ein solches zweistöckiges Wutdenkmal gar nicht ausführen. Aber in der Turnhalle z. B.
Stellt euch dort mal auf, kurz vor dem Turnunterricht, die Lehrer werden staunen. Äußerste Konzentration! Auf jedes Detail achten! Und ihr müßt lernen, eine einmal eingenommene Position lange auszuhalten. Nicht gleich weglaufem. Es braucht nämlich eine gewisse Zeit, bis die Leute in der Turnhalle auf euch aufmerksam geworden sind. Dann allerdings werden sie ganz schön staunen!
Nach einer schlechten Klassenarbeit lohnt sich ein Wutdenkmal immer. Noch während der Lehrer die Hefte austeilt, könnt ihr euch schon zum Wutdenkmal formieren.
„Ja – ja was –? w–wie bitte –?" wird er stottern.
Nicht aufgeben. Mindestens fünf Minuten das Denkmal stehen lassen! Anschließend setzt ihr euch wieder hin und beginnt mit der Verbesserung der Klassenarbeit, wie die übrigen Schüler. Keine Sorge, es wird euch nicht viel passieren. Wer wird schon ins Klassenbuch eintragen „fünf Schüler haben fünf Minuten ein Wutdenkmal gebaut..."?

Natürlich könnt ihr noch ganz andere Gefühlsdenkmäler bauen:
Angst, Hoffnung, Freude, Glück, Trauer, Liebe und Zärtlichkeit...
Und ihr solltet euch überlegen, wo und wie man die verschiedenen Denkmäler aufstellen könnte.
Wenn man euch beispielsweise einen guten Klassenlehrer weggenommen hat, könnt ihr ruhig ein Trauerdenkmal im Flur (vielleicht vor dem Rektorat) machen. Schön wäre, wenn sich die ganze Klasse daran beteiligen würde:
Das Trauerdenkmal könnte einen Mittelpunkt haben: ein Mädchen, das mit gesenktem Kopf und offenen langen Haaren und einem zerrissenen Schulheft in den Händen dasteht, wird von knienden, hockenden und liegenden Figuren so umringt, daß eine ganz flache Pyramide entsteht. Der gesenkte Kopf des Mädchens ist gewissermaßen die Spitze. Von dort aus führen alle Trauerlinien nach unten.
Wie wäre es zum Beispiel mal mit einem Langeweiledenkmal im Hochhaus?
Abends, kurz nach Geschäftsschluß wäre der richtige Zeitpunkt.
Unbeweglich und vollkommen lasch hängt da so ein Langeweiledenkmal am Treppenaufgang (überlegt euch, was bei der Darstellung von Langeweile wichtig ist!), die Bewohner, lustlos auch sie, kämen von der Arbeit und würden auf das Langeweiledenkmal stoßen!
„Was ist denn da los?"
„Sind wir denn im Bahnhof Zoo? Ich glaub' die sind alle high!"

„Ja, was soll denn das bedeuten?"
„Da ist ja die Ingrid dabei – Gott, wie die aussieht! Die Augen, um Himmels willen, ich hol' einen Arzt…"

So werden die Kommentare durcheinandergehen. Aber das stört euch nicht. Nach einiger Zeit löst ihr das Gefühlsdenkmal auf und sprecht mit den Hausbewohnern. Vielleicht spielen manche mit…

Ganz besonders schön sind Veränderungs-Gefühlsdenkmäler.
Das geht so: Ihr fangt mit einem bestimmten Gefühl an, z. B. mit einem Wutdenkmal. Und dann verändert ihr langsam das Wutdenkmal, es soll in den nächsten Minuten ein Freudedenkmal werden.
Das ist nicht ganz einfach. Ihr müßt auf alles achten: Gesichtszüge, Augen, Stirnfalten, Mund, Kinn usw. Aber auch der übrige Körper muß von Zorn auf Freude „umschalten". Und zwar sollte das ganz langsam und ohne größere Unterbrechung vonstatten gehen.

Ihr müßt euch dabei gegenseitig beobachten! Das Gefühlsdenkmal nimmt während dieser Veränderung vermutlich sogar mehrere Stationen ein: Hoffnung, Zuversicht, … Freude. Das letzte Gefühl, das „Ziel"-Gefühl muß ganz klar erkennbar sein. Wenn ihr das Gefühl habt, daß ihr soweit seid, dann nickt ihr euch gegenseitig zu, bzw. einer stößt den Jubelschrei aus – das vereinbarte Zeichen…

Gefühlsdenkmäler kann man in der Stadt bauen, in der Schule, im Wohnviertel, auf dem Spielplatz, im Hauptbahnhof – überall.

Frieder Stöckle

5.

Wenn du nicht da bist

Zusammenleben in der Familie, mit Freunden

*** Wenn du nicht da bist

Ich kann nicht allein leben;
ich brauche dich.

Zusammenleben mit Menschen, die man lieb hat; Geborgenheit in der Familie; Liebe zum anderen; Sehnsucht nach dem anderen.

Wenn du nicht da bist,
stelle ich mir dein Gesicht vor.
Ich mache die Augen zu,
ziehe nach innen um
und rieche dich –
dein Gesicht, deine Haare.

Ich kann dich riechen.

Ohne dich leide ich.
Ich kann dich gut leiden,
und ich kann dich ausstehn.
Ohne dich müßte ich allein herumstehn.

Ich denk an dich,
wenn du nicht da bist,
und du kannst Gedanken lesen.
Wenn du nicht da bist,
mach ich die Augen zu
und blick dich.
Ganz nah spür ich dich,
wenn ich nur richtig will.
Du entgehst mir nicht,
ich hab mein Bild von dir.

In meinen Kopf paßt eine ganze Welt,
die ich einrichten kann,
in der ich mit dir wohnen kann.

Manchmal zieh ich für längere Zeit um.
Von der Außenwelt in die Kopfwelt.
„Adresse geändert" schreib ich dann auf die Schiefertafel
vor meiner Tür.

Frieder Stöckle

Der stark verinnerlichte Text sollte ganz langsam vorgelesen werden, so daß jede einzelne Zeile beim Zuhören mitempfunden und nachempfunden werden kann.

Möglichkeit:

Schreibe auf, was du bei dem Menschen, den du lieb hast, besonders gern hast, an was du dich jetzt erinnerst, z. B. bei deinem Vater, deiner Mutter, deiner Großmutter, deinem Großvater, deinem Bruder, deiner Schwester, deinem Freund, deiner Freundin.
Schließe deine Augen, berichte, an was du dich besonders erinnerst...
Zeichne den, den du lieb hast. Dabei kommt es nicht darauf an, daß es besonders gut gezeichnet ist. Wichtig ist nur, daß du das zeichnest, was du an ihm besonders liebst, an was du dich am stärksten erinnerst, seine Hände, seinen Bart, sein Lächeln, seine Augen usw.

* Für Mutter

Ein Kind bedankt sich bei seiner Mutter für alles, was sie für es tut.

Liebe zwischen Kind und seinen Eltern; Du sollst Vater und Mutter ehren.

Weil ich nicht viel habe,
ist auch meine Gabe
klitzeklein.

Brauch nicht nachzudenken:
Was soll ich dir schenken?
Bin schon dein.

Aber eine Freude
mache ich dir heute:
Blümchen bunt.

Soll'n für deine Plagen
ganz lieb DANKE sagen
jede Stund.

Dietrich Seiffert

Aus: Kindermagazin: Meine Familie – Deine Familie.
Hirschgraben-Verlag, Frankfurt/Main.

Gewiß kein Gedicht, daß anläßlich des Muttertages aufgesagt werden soll, sondern das in schlichten Worten das ausdrückt, was ein Kind für seine Mutter empfinden kann. Es gibt Anstoß zum Nachdenken und Sprechen darüber, wie sich das Zusammenleben in der Familie gestaltet und wie man selbst – nicht an besonderen Festtagen – sich bei seiner Mutter einmal bedanken kann für alles, was sie tut.
Man kann auch darüber sprechen, wie man sich bei seinem Vater, bei der Großmutter, dem Großvater bedanken kann, und das vielleicht sogar in Worte fassen.

* Wenn ich einmal groß bin, Mutter

Kindervers, der die enge Verbindung zur Mutter aufzeigt.

Was meine Mutter für mich tut; wie kann ich ihr für alles danken?

T: Alvaro Yunque, Argentinien
übersetzt von Hans Baumann
M: Hans Baumann

2. Alle meine Taschen stopf ich
voll mit Sternen und Kometen,
alle werde ich verteilen
an die Kinder in der Schule.

3. Für dich aber, Mutter, bring ich
dann den Mond, wenn er grad voll ist,
dann wird es schön hell im Haus
und nichts brauchst du für Strom zu zahlen.

Im Kindervers werden die Sterne vom Himmel heruntergeholt. Aber wie wird es sein, wenn wir einmal groß geworden sind, wenn wir die Mutter nicht mehr so nötig haben, wenn unsere Eltern selbst alt geworden sind und uns nötig haben.

Gesprächsimpulse:

Wie leben alte Menschen? – Wo leben sie? – In der Familie? – Im Altenheim? – Wie ist es bei unseren Großeltern? – Wie möchten wir selbst später mit unseren Kindern zusammen leben? – Was wünschen wir uns für die Zukunft? – Gebot: Du sollst Vater und Mutter ehren.

* Ein schöner Nachmittag?

Eigentlich wollte Andrea nicht den ganzen Nachmittag mit ihrem kleinen Bruder verbringen, aber dann macht es ihr selbst viel Freude.

Verantwortung für den jüngeren Bruder; Unlustgefühle, auf den Kleinen aufzupassen; Freude am Miteinander; Geschwisterprobleme.

„Komm doch endlich", ruft Andrea ihrem Bruder Jörg zu.
„Ich kann doch nicht so schnell. Meine Beine sind so kurz", antwortet er.
Das stimmt sogar. Andrea ist nämlich schon sieben Jahre alt und Jörg erst vier.
„Geh du doch heute mal mit deinem kleinen Bruder auf den Spielplatz", hatte die Mutter gebeten. „Ich möchte noch für Oma zum Geburtstag das Geschenk fertig machen." *
„Immer ich", hat Andrea vor sich hingebrummt, ist aber dann doch mit dem kleinen Jungen losgezogen.
Eigentlich wollte sie ja zu Martina.
„Warte doch! Renne nicht so", ruft Jörg hinter seiner großen Schwester her. Jetzt erst sieht Andrea, daß Jörg eine große Tasche schleppt, hinter der er kaum zu sehen ist.
„Was hast du denn da", fragt sie erstaunt.
„Meinen Laster und das Sandspielzeug. Ich will in der Sandkiste spielen." **

„Na denn, gib her", sagt Andrea und nimmt dem Kleinen die Tasche ab. Jetzt geht es bei Jörg viel schneller. Am Spielplatz angekommen, stellt sie die Tasche neben der Sandkiste ab. Jörg packt sie aus und fängt an, im Sand zu buddeln.

Eine Weile schaut Andrea zu. *** Dann sagt sie:
„Ich bau eine Burg. Dann kannst du den übrigen Sand mit deinem Auto wegfahren."
So spielen die Kinder den ganzen Nachmittag zusammen und gehen erst nach Hause, als es dunkel wird. Andrea hat völlig vergessen, daß sie zu Martina wollte. Und Mutter hat das Geschenk für die Großmutter auch fertig bekommen.

Elinor Lange

Der Text kann an drei Stellen völlig anders verlaufen, als er hier niedergeschrieben ist. Die gute Lösung, die hier gezeigt wird, kann zum Nachdenken darüber führen, wie man sich selbst gegenüber den jüngeren Geschwistern verhält.
Der Text kann aber jeweils bis * oder ** oder *** vorgelesen werden. Dann kann im Rollenspiel spontan weitergespielt werden, wie man sich selbst an der Stelle von Andrea verhalten würde und wie die Geschichte dann ausgehen könnte. Besonders interessant wird es, wenn dieselbe Spielaufgabe verschiedenen Gruppen gegeben wird. Dann kann anschließend über die unterschiedlichen Weiterführungen diskutiert werden.
In jedem Fall soll sich der Zuhörer mit der älteren Andrea zu identifizieren versuchen, so daß seine eigenen Erfahrungen mit jüngeren Geschwistern eingebracht werden können.

** Peter und das Polizeiauto

Klaus erkennt, was er seinem kleinen Bruder angetan hat. Er versucht, alles wiedergutzumachen.

Geschwisterprobleme; ältere – jüngere Geschwister; Enttäuschung über den älteren Bruder; Reue, Trost, Hilfe.

Klaus hat mit seinen Motorradstiefeln Peters Polizeiauto kaputt gemacht. Es war keine Absicht. Er kam nach Hause, war verärgert und hatte seine Stiefel einfach in die Ecke geworfen. Dabei wurde Peters Polizeiauto getroffen. Dach und linke Tür wurden eingedrückt.
Peter heulte. Er trommelte mit seinen kleinen Fäusten auf Klaus ein. Aber der nahm sich bloß ein Bier aus dem Kühlschrank und verzog sich auf sein Zimmer.
Vater versuchte, das Polizeiauto zu reparieren. Dabei brach ihm ein Fensteg ab. Jetzt war das Auto vollends kaputt.

Mit dem Polizeiauto in der Hand hockte Peter in der Couchecke und heulte. Die Mutter, die ihn zu trösten versuchte, stieß er weg.
Dadurch wurde das Auto nicht wieder ganz.
Schließlich ging Peter hinauf zu Klaus. Klaus hatte abgeschlossen. Peter trommelte an die Türe.
„Aufmachen, aufmachen! Du mußt mir ein neues Auto kaufen", schluchzte Peter und stieß vor Wut gegen die Türe.
Klaus blätterte eine Zeitung durch und trank Bier dazu. Er wollte jetzt seine Ruhe und sonst gar nichts.
Nachdem draußen hartnäckig weitergepoltert und weitergetrommelt wurde, packte Klaus schließlich eine Wut. Er stand auf und riß die Türe auf. „Verschwinde! Laß mich mit deinem albernen Auto in Frieden. Ich habe gearbeitet und will jetzt nichts mehr hören – oder…!?"
Klaus hatte so wilde Augen gemacht, daß Peter wirklich Angst bekam und die Treppe hinunterschlich. Verzweifelt, weil ihm niemand half.
Am Abend vor dem Einschlafen legte sich Peter das zerbeulte Polizeiauto neben das Kopfkissen. Und als es schon dunkel war, fühlte er nochmal mit der Hand. Nein, es war nicht mehr glatt und schön. Es war zerbeult, scharfkantig. Die Vorderräder konnte man nicht mehr drehen.
Klaus ging an diesem Abend auch früh ins Bett. Er konnte nicht gleich einschlafen. Es war still im Haus. Die Eltern waren zu einem Besuch weg. Und da hörte Klaus, wie Peter in seinem Zimmer leise weinte. Er drehte sich um und versuchte einzuschlafen. Es ging nicht.
Später – es war schon lange nach Mitternacht und die Eltern waren längst wieder zu Hause – schlich Klaus mit einem schönen roten Feuerwehrauto, das er aus seinen alten Spielsachen herausgekramt hatte, in Peters Zimmer. Ganz vorsichtig nahm er das zerbeulte Polizeiauto vom Kissen herunter. Ebenso vorsichtig legte er das schöne rote Feuerwehrauto dorthin. Dann schlich er leise in sein Zimmer zurück.

Frieder Stöckle

Ähnliche Situationen wird mancher aus seiner eigenen Familie berichten können. Oft sind es Unbedachtheit, schlechte Stimmung, schlechte Laune und viele andere Gründe, die dazu führen, daß jemand in diesem engen Kreis der Familie verärgert, enttäuscht, beleidigt wird. Aber gerade weil jeder in der Familie eigene Geborgenheit, Zustimmung, Fürsoge und Liebe immer wieder erfährt, geht ihm der Kummer des anderen nahe.
Deshalb kann auch der große Klaus am Abend nicht einschlafen.

Gesprächsimpuls:

Hast du ähnliche Erlebnisse mit den jüngeren Geschwistern, mit deinen älteren Geschwistern gehabt? – Könnte es zu ähnlichen Erlebnissen kommen? Wie würdest du dich verhalten? – Wie geht die Geschichte weiter? Wie wird es am nächsten Morgen sein?

*** Geburtstagsgeschenke

Man muß sich schon einiges einfallen lassen, um allen, die man lieb hat und die einem Geschenke machen, auch etwas zu schenken, was ihnen Freude macht.

Dem anderen etwas geben, schenken; Nutzen und Wert von Geschenken; Geschenke erhalten – Geschenke erwarten? Wunschzettel usw.

T: Rolf Krenzer
M: Siegfried Fietz

2. Für die Mutti häkle ich einen Topflappen,
und für Vati zeichne ich unser Stadtwappen.
Und mein großer Bruder kriegt,
falls er's Brennen übersteht,
einen dunkelbraunen Leuchter,
der aus Ton besteht.
Für die Schwester schneidere ich ein Puppenkleid.
Christa kriegt 'nen Kerzenständer für die Weihnachtszeit.
Und die Tant Eva kriegt,
falls mir das gelingt,
einen Lampenschirm aus Bast, der
sicher Freude bringt.

3. Carsten kriegt ein Portemonnaie aus einem Lederrest,
Onkel Fred 'ne Schürze mit der Aufschrift: Frohes Fest!
Patenonkel Paul, der
sonntags stets zur Messe geht,
kriegt 'ne Hülle fürs Gesangbuch,
wo noch PAUL drauf steht.
Für Cousine Tine gibt's 'nen Korb aus Peddigrohr,
und ich batike für Barbara 'nen bunten Flor.
Tante Ursula, die
Urlaub stets in Spanien macht,
kriegt nen Stier aus Pfeifenputzern,
von mir selbst gemacht.

4. Für Frau Künneke bemal ich einen runden Stein.
Ein abstraktes Wandrelief kann's für Herrn Seifert sein.
Und für Kerstin, die in Till
verliebt ist momentan,
schnitze ich beziehungsreich
'nen kleinen Hampelmann.

Zum Geburtstag stellt sich ständig die Verwandtschaft ein.
Jeder hat für mich ein Päckchen, denn das muß so sein.
Alle laden zum Geburtstag
mich bestimmt auch ein
und erwarten ein Geschenk, sei es
auch noch so klein.

5. Was schenk' ich zum Geburtstag?
So frage ich mich oft.
Es trifft mich ein Geburtstag
mit Wucht und unverhofft.
Und Weihnachten kommt auch noch.
Und kommst du zu Besuch,
dann bring mir als Geschenk doch
ein neues Bastelbuch!

In lustiger Weise werden hier übespitzt die Nöte eines Kindes vorgestellt, das jedem etwas schenken möchte und sich auch noch dazu moralisch verpflichtet fühlt und ins Basteln flüchtet.
Der Text regt an, über den Wert von Geschenken nachzudenken, was Kinder schenken können, ob man sich überhaupt etwas schenken soll und wie Geschenke auch aussehen können, die vielleicht gar nicht materialistisch sind.
Man kann einem anderen Menschen ein Lächeln, ein Nicken, einen Händedruck, einen Kuß, ein ganz herzliches Drücken, ein Zuhören... schenken. Ist das nicht viel mehr als beispielsweise ein Stier aus Pfeifenputzern oder ein Topflappen?
Es gibt Dinge, die man nicht kaufen und nicht basteln kann. Aber die die Menschen, die wir liebhaben, vielleicht viel notwendiger brauchen: – Zeit für den andern haben, ihm zuhören, Hilfe anbieten, Hilfe annehmen...
Das Lied endet mit dem Hinweis auf Weihnachten.
Hier könnte auch über Weihnachtsgeschenke gesprochen werden.
Warum sich Menschen zu Weihnachten etwas schenken... und was Gott uns Menschen zu Weihnachten geschenkt hat.

* Eine Menge Freude

Markus möchte seiner Mutter mit den vielen Perlenketten, die er gebastelt hat, immer wieder neue Freude bereiten. Ein kleiner Trick soll ihm dabei helfen.

Einander Freude bereiten; Liebe zwischen dem Kind und seinen Eltern; gutes Zusammenleben in der Familie.

Markus hat Perlen aufgefädelt. Er hat viele Ketten gemacht. Es sind so viele Ketten geworden, daß er sie kaum zählen kann: drei ganz bunte, eine rotweiße, zwei grün-gelbe, eine schwarz-weiße, eine blaue, eine lila-rosarote, zwei blau-rote und eine blau-gelbe.
Zwölf Ketten!
Alle zwölf Ketten schenkt er seiner Mutter. Sie muß sich jede einzelne Kette umhängen und muß sich damit im Spiegel betrachten.
Sie freut sich sehr und findet sich sehr schön mit den Ketten, die ihr Markus geschenkt hat.
Da nimmt Markus der Mutter behutsam alle zwölf Ketten wieder weg. Die Mutter wundert sich darüber.
„Jetzt warte ich so lange, bis du meine Ketten vergessen hast“, erklärt er ihr, „und dann schenke ich sie dir noch einmal. Da freust du dich wieder so sehr. Wenn du fertig bist mit dem Freuen, nehme ich sie wieder weg. So machen wir das immer weiter. Da hast du eine Menge Freude –!“

Gudrun Pausewang

Natürlich wird der kleine Trick, den Markus anwenden möchte, um seiner Mutter immer neue Freude zu bereiten, von den Zuhörern gleich durchschaut. Der Text regt an, sich mit der Vorfreude, dem Freuen auf etwas, näher zu beschäftigen. Wir können darüber berichten, wie wir versuchen, anderen in unserer Familie Freude zu bereiten, daß es tatsächlich viele Dinge gibt, die regelmäßig wiederkehren und über die wir uns immer wieder freuen können, für die wir aber auch demjenigen, der uns diese Freude schenkt, immer wieder dankbar sein dürfen.

Beispiele:

Das regelmäßig wiederkehrende Frühstück, Mittag- und Abendessen, die Jahreszeiten mit ihren unterschiedlichen Freuden, die Ernte im Garten und auf dem Feld.
Ganz besonders deutlich wird diese Vorfreude und Freude vor dem Geburtstag und in der Adventszeit.

* Der tapfere Hase

Peter hat Angst, allein in den Keller zu gehen. Prompt wird er von seinem Bruder als „Angsthase" bezeichnet. Der Vater erzählt darauf den beiden Jungen, wie es wirklich um die „Angsthasen" bestellt ist.

Zusammenleben in der Familie; Angst haben und Angst überwinden; trotz Angst für etwas einstehen; die eigene Angst überwinden lernen; auch trotz eigener Angst dem anderen helfen.

„Angsthase!" schreit Karl. „Angsthase! Nicht einmal in den Keller gehst du allein, weil es dort dunkel ist."
Peter würde seinen großen Bruder am liebsten verprügeln. Aber das geht ja nicht. Karl ist viel stärker. Immer ist er der Sieger. „Natürlich gehe ich ohne Angst allein in den Keller", schwindelt Peter, „ich warte nur auf den Vater, weil ich ihn etwas fragen muß." Karl lacht. Er glaubt es nicht. Aber da steht schon der Vater. „Was willst du mich fragen?" sagt er freundlich. Peter ist verlegen. Er weiß keine Frage, es ist ja nur eine Ausrede gewesen.
Aber jetzt fällt ihm doch etwas ein. „Warum haben die Hasen so oft Angst? Warum sind sie Angsthasen?" Der Vater setzt sich auf die oberste Stufe der Kellertreppe. Die beiden Buben setzen sich auch. Sie merken, jetzt gibt es eine längere Antwort, vielleicht sogar eine kleine Geschichte. Der Vater erzählt:
„Ja, die Hasen haben nicht immer ein leichtes Leben. Sie werden oft verfolgt: Von Füchsen, von Hunden, von Jägern. Sie sind schwach und wehrlos. Wenn ein Starker einen andern plagt, bekommt der Schwache eben Angst. Das ist so bei Menschen und Tieren. Und doch ist der Hase gar nicht immer ein Angsthase. Es gibt sogar sehr tapfere Hasen."
Das glaubt Karl nicht. Auch Peter kann es sich nicht so recht vorstellen. „Paßt gut auf", sagt der Vater, „jetzt kommt etwas ganz Schönes. Manchmal wird ein Hase von einem Hund verfolgt. Er wird müde vom Rennen. Darum rennt er immer langsamer, und der große Hund kommt immer näher. Und die Angst des müden Hasen wird immer größer. Dann kommt der arme Hase am Ruheplatz eines anderen Hasen vorbei. Vielleicht sind die beiden Hasen Freunde, vielleicht lernen sie sich erst kennen. Der ausgeruhte Hase merkt, wie müde der andere ist vom Rennen. Er kommt aus seinem Versteck und springt dem Hund vor die Nase. Der müde Hase versteckt sich auf dem Ruheplatz seines Freundes. Das alles merkt der Hund nicht.
Er will nur den Hasen fangen, alles andere interessiert ihn nicht. Ohne es zu wissen, verfolgt er einen Hasen, der gar nicht müde ist. Der kann noch gut rennen.

Wieder wird der Abstand zwischen Hund und Hase größer. Vielleicht wird der Hund endlich müde und gibt die Jagd auf. Es kann aber auch sein, daß der Hase müde wird. Und vielleicht kommt er nicht am Ruheplatz eines anderen Hasen vorbei. Dann erwischt ihn der Hund. Er stirbt für seinen Freund. Er hat einem anderen Hasen das Leben gerettet. Ist das nicht tapfer? In der Bibel steht, daß niemand seinen Freund mehr liebt als einer, der bereit ist, für ihn zu sterben."

„Peter, wo sind meine Kartoffeln?" ruft die Mutter. Peter nimmt sein Körbchen und geht in den Keller. Der Vater begleitet ihn.
Er braucht einen Schraubenzieher aus seinem Werkzeugkasten. Karl steht allein oben an der Treppe. Er denkt: „Hasen sind tapfer. Ich weiß nicht, ob ich so mutig wäre."

Ursula Burkhard

Kinder und Erwachsene haben manchmal Angst. Aber es gibt auch Hilfen, diese Angst zu überwinden. Manchmal können die Eltern helfen, weil sie als Kinder ähnliche Ängste hatten und gelernt haben, wie sie die Angst überwinden können. Deshalb erzählt der Vater die Geschichte von dem tapferen Hasen. Aber es gibt auch Ängste, die mit Hilfe der Eltern nicht überwunden werden können. Auch Erwachsene haben Angst.
Kinder und Erwachsene aber können sich Gott mit ihrer Angst anvertrauen. Sie können sicher sein, daß sie von Gott getröstet werden. So getröstete Menschen können einander helfen und beistehen, ihre Angst zu überwinden. Aus diesem Glauben und Trost heraus konnte Martin Luther sagen: „Wenn ich wüßte, daß morgen die Welt untergehen sollte, würde ich heute noch einen Baum pflanzen."

Lieder zum Trost, Lieder gegen die Angst:

* Gott ist mein Schutz

T u M: Gertrud Lorenz

2. Im Unglück ist mir Gott ganz nah.
Und wenn mir Menschen Böses tun,
ist er an meiner Seite
und gibt mir Mut und Kraft.

3. Wenn ich nicht weiß, was werden soll,
und keiner mir mehr helfen kann,
zeigt Gott mir, was ich tun soll.
Er steht mir immer bei.

4. Im Leid und in der Traurigkeit
hört Gott mein Weinen, mein Gebet.
Er hilft mir, durchzuhalten.
Er läßt mich nicht allein.

„Komm, bau ein Haus“, LP/MC und Singheft „Unkraut Leben“. Peter Janssens Musik Verlag, 4404 Telgte.

„Kindermutmachlied“ und „Ein jeder kann kommen“, Lieder: Wachsen wie ein Baum, Kindergottesdienst-Gesamttagung, Archivstraße 82, 3000 Hannover.

„Manchmal fühl ich mich allein“, Rolf Krenzer (Hrsg.), 100 einfache Lieder Religion, Verlag Ernst Kaufmann, Lahr und Kösel-Verlag, München.

„Wenn ich Angst hab“ und „Der Herr ist mein Hirte“, Rolf Krenzer (Hrsg.), Regenbogen bunt und schön, Verlag Ernst Kaufmann, Lahr und Kösel-Verlag, München.

„Sei mit uns, daß wir bestehen“, Limburger Kindermesse, Studio Union im Lahn-Verlag, Limburg.

* Der Kern

Wanja verrät sich selbst und gesteht, daß er genascht hat.

Lügen; sich hinter den anderen verstecken wollen, nicht für eine Tat einstehen; Gebot: Du sollst nicht stehlen.

Die Mutter kaufte Pflaumen und wollte sie den Kindern als Nachtisch geben. Sie legte die Pflaumen auf einen Teller. Wanja hatte noch nie Pflaumen gegessen und beschnupperte sie in einem fort. Sie gefielen ihm. Er hatte die größte Lust, sie gleich aufzuessen. Immer wieder ging er an den Pflaumen vorbei. Als gerade niemand in der Stube war, hielt er es nicht mehr aus, nahm eine Pflaume und aß sie.
Vor dem Mittagessen zählte die Mutter die Pflaumen und sah gleich: Da fehlt eine.
Sie sagte es dem Vater.
Beim Essen fragte der Vater: „Na Kinder, hat da nicht eins von euch eine Pflaume gegessen?"
Alle sagten: „Nein." Wanja wurde rot wie ein Krebs und sagte auch: „Nein, ich nicht!" *
Da sagte der Vater: „Es wäre ja kein Unglück, wenn jemand von euch eine Pflaume gegessen hätte. Schlimm wäre nur, wenn jemand nicht wüßte, wie man Pflaumen ißt, und er hätte den Kern mitverschluckt. So einer stirbt nämlich noch am gleichen Tag, das fürchte ich."
Wanja wurde blaß und sagte: „Nein, nein, den Kern hab' ich aus dem Fenster geworfen."
Und alle mußten lachen.

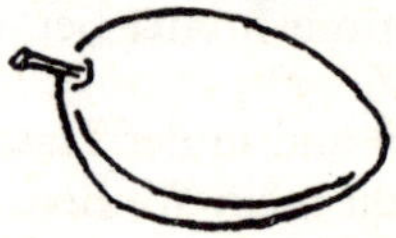

Leo Tolstoi

Übersetzung: © *Hans Baumann*

Es wird eine Situation geschildert, die schon mancher als unangenehm empfunden und miterlebt hat: Einer versucht, sich hinter dem anderen zu verstecken.

Vorschlag: Die Geschichte bis * vorlesen und darüber diskutieren, wie es weitergehen kann, anschließend den zweiten Teil der Geschichte vorlesen.
Eine Pflaume ist für uns nichts Besonderes. Für die Kinder, für die Tolstoi die Geschichte damals erzählte, war sie es. Wir könnten dafür andere Leckerbissen einsetzen, z. B. Eis, Apfelsine, Mohrenkopf.
Die Geschichte kann auch im Rollenspiel bis * gespielt werden. Dann sollen die Spieler selbst im Spiel eine Lösung erarbeiten. Anschließend wird diese Lösung mit dem Schluß der Geschichte verglichen.

Hinweis auf das Gebot: Du sollst nicht stehlen. Und das gilt auch für sogenannte Kleinigkeiten.

** Danach

Auch der große und mutige Werner, der die siebenjährige Kathi vor dem Ertrinken gerettet hat, gesteht später, daß er Angst gehabt hat.

Angst erleben; Angst überwinden; sich einsetzen für andere; spontane Hilfe leisten; Verantwortung für den anderen Menschen; Unterschiedliche Angst: Angst um einen anderen Menschen – Angst um das eigene Leben.

Es sprach sich schnell herum, daß Werner (15 Jahre) die siebenjährige Kathi vor dem Ertrinken gerettet hatte.
Das Mädchen hatte am Flußufer gespielt; es wollte einen im Wasser vorbeitreibenden Stock herausfischen und war dabei hineingestürzt.
Während einige Leute, die den Vorgang beobachtet hatten, aufgeregt um Hilfe schrien, war Werner mit ein paar Sätzen am Ufer und sprang sofort in den schnell treibenden Fluß. Mit zwei kräftigen Schwimmstößen erreichte er das schon absinkende Kind; er packte es, wurde aber im selben Augenblick von dem Gewicht unter Wasser gedrückt. Und dann klammerte sich das Mädchen fest an ihn; mit äußerster Anstrengung drehte ihm Werner die Arme auf den Rücken, kam endlich über Wasser und kämpfte sich mit dem Kind zum Ufer.
„Hattest du denn keine Angst?“ fragt ihn jetzt der Zeitungsreporter.
„Es ging alles so schnell“, antwortete Werner und fährt nach kurzer Überlegung fort: „Ich hatte einfach Angst um das Mädchen, das zu ertrinken drohte. Aber als ich dann unter Wasser gezogen wurde, überfiel mich eine entsetzliche Angst um mein eigenes Leben. Doch ich bekam Kathi ja richtig in den Griff, und alles ging schließlich gut. Mir zittern aber jetzt noch die Knie, wenn ich daran zurückdenke.“

Rolf Krenzer

Aus: Magazin: Warum denn Angst? Hirschgraben-Verlag, Frankfurt/Main.

Vor dem Lesen der Geschichte kann über Angsterlebnisse der Zuhörer gesprochen werden, wobei besonders die Überwindung der Angst herausgestellt werden sollte. Dabei soll verdeutlicht werden, daß Angst zu dem Menschen gehört und daß ein Held, ein wirklicher Held, nur derjenige sein kann, der sich auch zu seiner

Angst bekennt. Nach außen hin wird der Werner in der Geschichte als Held dastehen. Das beweist schon die Anwesenheit des Zeitungsreporters. Aber dann spricht Werner über seine Angst, und gerade deshalb wird er dem Leser sympathisch.
Was macht einen Helden aus? Wie kann man seine Angst überwinden? Angst um sich selbst, Angst um andere. Hierzu Lied „Es ist so schwer, ein Held zu sein“, Seite 138.

** Siehst du mich beim Teppichklopfen?

Wenn einer dem anderen hilft, geht vieles viel leichter und besser.

Dem anderen helfen; zupacken; den anderen nicht allein lassen. Kleine Hilfen – große Hilfen. Wer zu kleinen Hilfen bereit ist, wird auch dann helfen, wenn viel von ihm verlangt wird. Z. B. der barmherzige Samariter, Martin und der Bettler.

T: Rolf Krenzer
M: Siegfried Fietz

2. Siehst du mich beim Kirschenpflücken?
Kannst du das gut sehn?
Wenn du mir ein bißchen hilfst,
wird's viel besser gehn.
Hol noch einen Korb herbei
und wir pflücken alle zwei.
Kirschenpflücken, Kirschenpflücken
wird viel besser gehn.

3. Siehst du mich beim Straßenkehren?
Kannst du das gut sehn?
Wenn du mir ein bißchen hilfst,
wird's viel besser gehn.
Jeder kehrt so gut er kann.
Siehst du wohl, so klappt es dann!
Straßenkehren, Straßenkehren
wird viel besser gehn.

4. Siehst du mich beim Tellerspülen?
Kannst du das gut sehn?
Wenn du mir ein bißchen hilfst,
wird' viel besser gehn.
Hilfst du mir und faßt mit an,
siehst du wohl, so klappt es dann!
Tellerspülen, Tellerspülen
wird viel besser gehn.

5. Siehst du mich beim Kofferschleppen?
Kannst du das gut sehn?
Wenn du mir ein bißchen hilfst,
wird's viel besser gehn.
Wenn du kräftig mit anfaßt,
siehst du wohl, wird leicht die Last.
Kofferschleppen, Kofferschleppen
wird viel besser gehn.

Das Lied zeigt anhand einiger Beispiele, wie einfach es sein kann, anderen zu helfen. Diese Beispiele lassen sich durch eigene Erlebnisse und Erfahrungen beliebig erweitern.
Hierzu Arbeitsblatt in „Erste Arbeitsblätter Religion: Der Gottesdienst", Verlag Ernst Kaufmann, Lahr und Kösel-Verlag, München, Blatt 11+12.

Hier werden unterschiedliche Tätigkeiten gezeigt, die man allein nur schlecht oder überhaupt nicht ausführen kann. Erst wenn jemand hilft, kommt es zu einem guten Ende.
Solche Tätigkeiten können auch pantomimisch vorgestellt werden. Allein geht es nicht. Aber wie ist es, wenn einer dabei hilft?
Z.B. Springseil springen; eine Leiter festhalten, damit der andere draufsteigen kann, einen Rollstuhl schieben, Zöpfe flechten.

* Ich mag es, wenn es früh dunkel wird

Schilderung, wie es in einer harmonischen Familie am späten Nachmittag zugehen kann. Ein Kind erzählt, was es daran besonders mag.

Gutes Zusammenleben in der Familie; Was man gemeinsam tun kann; Zeit für den anderen finden.

Wenn mein Vater aus dem Büro nach Hause kommt, sitzen wir schon alle zusammen und warten auf ihn.
Heiko und Sabine sind dann schon lange mit ihren Schaulaufgaben fertig.
Wir spielen zusammen ein Spiel.
Manchmal liest mir Heiko, mein großer Bruder, auch eine Geschichte vor.
Unsere Mutter macht auch fast immer mit.
Wenn mein Vater dann nach Hause kommt, wird es schon dunkel.
Dann kocht meine Mutter Kaffee oder Tee.
Wir decken den Kaffeetisch.
Manchmal gibt es auch Kuchen.
Vor Weihnachten gibt es fast immer ein paar Plätzchen.
Dann haben wir alle Zeit füreinander.
Wir können alles bequatschen.
Manchmal sitzen wir bis zum Abendbrot zusammen.
Im Sommer haben wir kaum Zeit dazu.
Aber im Winter...
Deshalb mag ich es, wenn es früh dunkel wird.

Rolf Krenzer

In schlichten Worten wird davon erzählt, was ein Kind in seiner Familie positiv erfahren kann. Es wird vom guten Zusammenleben der Familie berichtet und davon, daß jeder Zeit für den anderen hat.

Gesprächsimpuls:

Macht ihr das auch manchmal so?
Die Kinder können erzählen oder aufschreiben, was sie sich innerhalb ihrer Familie wünschen, wie man es einrichten kann, daß man zu einer bestimmten Tageszeit auch Zeit füreinander findet, was sie von ihren Eltern und Geschwistern erwarten und was diese von ihnen selbst erwarten könnten.

Rollenspiel:

Ein Vater kommt nach Hause. Was wünscht er sich? Wie kann es wirklich aussehen? – Klaus möchte mit seinen Eltern spielen, aber...
Brigitte hat sich so auf den Abend gefreut, aber...
Hierzu Lied „Feierabend" auf der LP/MC „Ein Regenbogen bunt und schön", Abakus-Schallplatten, Greifenstein 2 und Studio Union im Lahn-Verlag, Limburg.

** Neues Leben

Ein Kind wird geboren.
Bereits vor der Geburt sorgen sich die Eltern um ihr Kind.
Sie bereiten alles vor, was es braucht. Der neue Erdenbürger wird von allen begrüßt. Gott hat einem Menschen das Leben geschenkt.

Freude über die Geburt eines Kindes; Gottes Schöpfung; Kind – Eltern; Geschwister.

In unserer Familie wurde wieder ein Kind geboren.
Neun Monate haben wir uns alle auf das Baby gefreut.
Haben herumgerätselt, was es wohl werden wird, ein Junge oder ein Mädchen, und wie es wohl aussehen mag?
Die Eltern haben alles mit sehr viel Liebe für das Baby vorbereitet. Sie haben ein kleines Zimmer für das Kindchen freigemacht, es tapeziert und eingerichtet mit einer Wiege, einem Wickelschrank und vielen anderen Dingen, die ein Baby braucht. So ein winziger Erdenbürger benötigt nämlich eine ganze Menge, besonders dann, wenn es das erste Kind ist. Aber alle Verwandten haben mit Freuden den jungen Eltern bei der Anschaffung der vielen Sachen geholfen.
Dann endlich war es so weit. Das Baby wurde geboren.
Es ist ein kleines Mädchen! Mutter und Kind gesund!
Sobald es sich einrichten ließ, fuhren wir hin, um das neue Mitglied der Familie zu begrüßen und anzusehen.

Da lag es nun – das Neugeborene! Winzig klein und hilflos. Die Hände zu Fäustchen geballt. Dunkle Haare umrahmtem ein zierliches Gesichtchen. Alles gut geformt: Das Näschen, die Öhrchen, der kleine Mund. Die Hände haben je fünf Finger mit rosigen Nägeln, die Füße klitzekleine Zehen.
Alle freuen sich über das Baby und wünschen ihm ein gutes Gedeihen und ein erfülltes Leben.
Am allerglücklichsten sind wohl die Eltern!

Ursula Fack

Gesprächsimpuls:

Haben dir deine Eltern einmal erzählt, was sie alles vorbereitet haben, als du zur Welt kamst? Wer hat dich besucht? Hattest du schon Geschwister? Wie haben sie sich verhalten? Wer hat dir deinen Namen gegeben? Wie bist du zu deinem Namen gekommen?
Bilder von Babys zeigen, sich selbst als Baby auf Bildern wiedererkennen; über Babys in der Verwandtschaft und im Bekanntenkreis berichten.
Über Begegnungen mit Babys berichten.
Was verändert sich in einer Familie, wenn ein Baby geboren wird? Veränderungen für die Eltern, Veränderungen für die Geschwister.
Verantwortung übernehmen für ein Kind, das noch nicht allein essen, gehen, sitzen kann.

** Die kleine Kira und ihre Freunde

Ein junger Hund lebt sich zunächst nur schwer in seine neue Familie ein. Die Kinder erfahren, daß sie mit diesem neuen „Haustier" auch erhebliche Verantwortung auf sich genommen haben.

Verantwortung für ein Tier; ein Tier in der Familie; Freude mit einem Tier, aber auch erforderliche Rücksichtnahme; regelmäßige Zuwendung und Sorge für das Tier.

Ingo und Tini hatten sich schon so lange einen kleinen Hund gewünscht. Aber immer hatten die Eltern gesagt: „Unsere Wohnung ist viel zu klein! Ein Hund braucht viel Platz. Er will laufen und rennen! Und wohin sollen wir ihn tun, wenn wir in Urlaub fahren?"

Tini hatte gemeint, daß die Großeltern den Hund bestimmt in den Ferien nehmen würden.
Aber die Eltern hatten so viele Bedenken geäußert, daß die Kinder ganz traurig geworden waren.
Doch immer dann, wenn sie nach ihrem größten Wunsch gefragt wurden, dann sagten beide: „Wir wünschen uns so sehr einen kleinen Hund!"
Wie groß war die Überraschung, als der Vater einmal beim Abendessen sagte: „Wir haben es uns überlegt. Wir wollen einen kleinen Hund anschaffen. Ich habe ihn in der Tierhandlung bestellt. Übermorgen können wir ihn dort abholen."
Jetzt wollten die Kinder ganz genau wissen, was es für ein Hund sein sollte, woher er kommen und wie groß er sein würde. Doch die Eltern lachten nur und verrieten nichts.
„Laßt euch überraschen!" sagte die Mutter.
Am Freitag fuhren sie mit dem Auto zur Tierhandlung. Der Tierhändler brachte in einem Karton ein winziges braunes Tierchen an, das platt auf dem Bauch lag und ganz leise ängstlich fiepte. Ganz vorsichtig griff die Mutter in den Karton hinein und holte das Hündchen heraus. Es war nicht größer als ihre Hand. So legte sie es auf ihre Hand und drückte es ganz leicht an sich.
„Ein kleiner Pekinese!" sagte der Tierhändler. „Er ist noch sehr verschüchtert und ängstlich. Er hat eine lange Bahnfahrt hinter sich." Dann suchte er mit dem Vater einen Hundekorb und eine kleine Leine aus, dazu Hundefutter und einen Topf für Wasser und einen anderen für Futter.
Ingo und Tini streichelten das Hundebaby ganz zart mit einem Finger. „Es ist ein Hundemädchen. Es heißt Kira", sagte die Mutter leise. Dann reichte sie Ingo das kleine ängstliche Ding. Ganz, ganz vorsichtig nahm Ingo es in seine Hand und drückte es leicht an sich.
„Es zittert ja!" sagte er besorgt.
„Ja, es hat große Angst. Wir müssen sehr lieb zu ihm sein, damit es sich schnell an uns gewöhnt!" meinte die Mutter.
Während der Autofahrt lag das Tierchen in Tinis Schoß. Es rührte sich nicht. Es fiepte nur leise.
Zu Hause polsterten sie den Hundekorb aus und legten die kleine Kira hinein. Das Tierchen verkroch sich in der allerhintersten Ecke. Die Kinder schütteten Hundefutter in den Topf.
Sie füllten den anderen Topf mit frischem Wasser. Doch das Tierchen rührte sich nicht.
Auch als sie es später aus dem Körbchen herausholten und vor das Futter setzten, fraß es nichts.
„Vielleicht hat es Heimweh?" sagte Tini leise.

„Morgen wird die kleine Kira bestimmt fressen!“ tröstete der Vater.
Aber auch am nächsten Tag lag der kleine Hund wie ein Häufchen Elend in seinem Körbchen. Die Kinder waren ganz traurig. Sie hatten sich so auf den Hund gefreut.
Und nun schien das Hündchen krank zu sein.
Auch der Vater war unruhig. Er rief noch am Abend den Züchter an und fragte, was er tun sollte.
„Morgen wird die kleine Kira bestimmt fressen!“ sagte der Züchter. „Das Tierchen vermißt seine Mutter und die anderen Hundewelpen. Dann hat es eine lange Fahrt im Zug hinter sich gebracht. Warten Sie bis morgen ab!“
Besorgt und bange gingen die Kinder am Abend ins Bett.
Als Ingo am nächsten Morgen die Küchentür öffnete, kam ihm die kleine Kira tolpatschig entgegen und wedelte mit ihrem winzigen Schwanz.
„Tini, komm schnell her!“ rief Ingo glücklich. „Die Kira hat ihr Schüsselchen leergefressen!“
Und als Tini in die Küche kam, stellte sich der kleine Pekinese vor sie hin, verzog sein Mäulchen und bellte.
Es war ein hohes, winziges Bellen. Bestimmt würde die kleine Kira noch lange üben müssen, bis sie es richtig erlernte. Aber immerhin!
Die Eltern hatten es auch gehört. Alle standen nun um das winzige Hündchen herum und freuten sich. Noch mehr freuten sie sich aber, als die Mutter der kleinen Kira frisches Futter gab und der Pekinese sich sogleich darüber hermachte.
„Jetzt fühlt sie sich hier zu Hause!“ sagte der Vater und war richtig erleichtert.
Sie standen um den Hund herum und freuten sich, daß es ihm schmeckte.
Danach nahm Tini die kleine Kira ganz vorsichtig auf ihren Arm und streichelte sie zart.
Da schnaufte das Hündchen zufrieden und drückte sein dickes Köpfchen ganz fest an Tini.
„Jetzt gehört er wirklich zu uns!“ meinte Ingo.
Gut, daß Sonntag war. Sonst wären alle viel zu spät zur Schule und zur Arbeit gekommen.

Rolf Krenzer

Der Text verdeutlicht die Empfindungen der Kinder, die plötzlich begreifen, was es heißt, Verantwortung für ein Tier zu übernehmen, das fortan zu ihrer Familie gehören soll. Er zeigt auch auf, was ein Tier empfinden kann, daß plötzlich einer völlig fremden Umgebung und Beziehungspersonen ausgeliefert ist.

Gesprächsanregungen:

- Was kann man tun, daß ein Tier in meiner Familie heimisch wird?
- Welche Freuden kann ich mit einem Tier erleben?
- Worauf muß ich Rücksicht nehmen?
- Worauf muß ich unter Umständen verzichten?
- Wie ist es in den Ferien, wenn wir verreisen wollen? Kann man ein Tier einfach in ein Tierheim abschieben?

Hier sollte auch die Tatsache genannt werden, daß gerade vor den Ferien, daß nach Weihnachten usw. viele Tiere ausgesetzt werden.

Ein Tier kann man nicht einfach so schenken. Wer ein Tier in seiner Familie aufnimmt, muß sich gleichzeitig über die Verantwortung, die er damit auf sich nimmt, im klaren sein.

Wir erzählen von unseren Haustieren, was wir zusammen tun, wer für sie sorgt, wie wir ihren Bedürfnissen entsprechen.

6.

Ich wünsch' dir eine gute Nacht

Geschichten zum Abend und zur Nacht

* Ich wünsch' dir eine gute Nacht

Am Abend denken wir über den vergangenen Tag nach und wünschen uns eine gute Nacht.

Abendgebet; Abendlied; Schreittanz mit Kerzen

T: Rolf Krenzer
M: Siegfried Fietz

2. Ich danke Gott von Herzen,
so gut ich es vermag.
Wir zünden an die Kerzen.
Es war ein guter Tag.

3. Am Himmel stehn die Sterne.
Der Mond geht seine Bahn.
Wir haben uns so gerne
und schaun uns freundlich an.

4. Der Tag geht nun zu Ende,
den wir so gut verbracht.
Wir falten unsre Hände
und bitten für die Nacht.

Wir stehen im Kreis. Zu der ersten Strophe geben wir uns die Hände. Während der zweiten Strophe werden Kerzen angezündet. Wir tragen die Kerze und gehen langsam damit im Kreis herum. Die Strophe kann ebenso wie die folgende beliebig oft wiederholt werden.
Es kann auch einer mit einer Kerze entgegengesetzt im Kreis gehen.
Auch zwei Kreise können sich bilden, die in entgegengesetzter Richtung gehen.
Wenn die vierte Strophe angestimmt wird, bleiben wir stehen und falten die Hände. Anschließend werden nacheinander und ganz ruhig die Kerzen ausgeblasen. Dazu können die einzelnen „Gute Nacht" oder „Ich wünsch' dir eine gute Nacht" leise sagen. Schöner ist es noch, wenn wir alle zusammen dazu die zweite Melodie „Gute Nacht!" solange singen, bis alle Kerzen ausgeblasen sind.
Wenn die zweite Strophe, die sich auf das Kerzenlicht bezieht, entfällt, kann das Lied auch als Abendlied allein oder mit anderen überall gesungen werden.

* Wieviel Meter Freude?

Tiermärchen, in dem einer dem anderen das schenkt, über das er sich am meisten freut. Zum Schluß gibt es eine Überraschung.

Vom Schenken und Beschenktwerden; Suchen nach etwas, was der andere nötig braucht, z. B. Liebe, Zuhören, Zeit…

Es lebten einmal vier kleine Esel, die aßen so gerne Weißbrot.
Da sie zusammen wohnten, wollten sie auch zusammen Weihnachten feiern.

Jeder Esel überlegte, womit er den andern wohl eine Freude bereiten könne. Jeder ging heimlich und allein zum Bäckerladen und kaufte drei Weißbrote, jedes einen Meter lang.
Jeder wickelte seine Geschenke ein und versteckte sie gut, daß sie keiner vorher fand.
Dann war Weihnachten. Alle Eselchen holten ihre Gaben hervor und teilten sie aus. Jeder schenkte jedem etwas.
Sie wickelten die langen Päckchen aus und lachten. Alle Geschenke waren gleich.
Und wie viele Brote hatte jeder?
Stellt euch vor, sie haben sie alle am Heiligabend aufgegessen!

Sonja Matthes

Eine Gute-Nacht-Geschichte, über die man beim Einschlafen nachdenken kann. Die vier Esel schenken sich das, von dem jeder denkt, daß es der andere am nötigsten braucht. Wir können überlegen, was die Menschen, die wir am liebsten haben, sich vielleicht von uns wünschen würden... was wir uns selbst von unsern Eltern wünschen würden. Im Märchen sind das materielle, aber sicher lebensnotwendige Dinge. Solche Wünsche haben wir auch. Daneben aber gibt es andere Wünsche, die vielleicht noch viel wichtiger und wünschenswerter sind, z. B. Zeit für eine Gute-Nacht-Geschichte haben, Zeit für ein Lied, Zeit für einen gemeinsamen Spaziergang, für ein Gespräch... Zeit füreinander haben.
Wenn man für einen Menschen Zeit hat, ist das ein Stück Liebe, das man ihm geben kann. Ein Stück Liebe, das man auch von ihm zurückbekommt.

** Besuch in der Nacht

Spät abends kommt noch ein Igel zu Besuch. Er wird durch die Fürsorge, die ihm ein Mensch angedeihen läßt, von Abend zu Abend ihm vertrauter.

Begegnung mit einem Tier; Fürsorge für ein Tier; erstes nächtliches Erschrecken erweist sich als unbegründet; wissen, um was es sich handelt, wenn es raschelt.

Es war spät abends. Wir hatten uns schon zum Schlafen gelegt. Plötzlich hörte ich auf der Terrasse, hinter unserem Fenster ein komisches Geklapper.
„Sicher ist das der Wind, der etwas hin und her schlägt“, dachte ich und zog mir die Decke über die Ohren. Aber das Klappern hörte nicht auf. Es ließ

mir keine Ruhe. Ich stand auf und ging hinaus, um zu sehen, was es sei. Zuerst fand ich in der Dunkelheit nichts. Dann sah ich etwas Dickes, Rundes vor dem Blechnapf der Katze sitzen. Ich ging näher und erkannte einen Igel. Der Blechnapf war leer.
Ich ging hinein und holte den Milchkarton und eine Taschenlampe.
Während ich nun die Milch im Schein der Lampe eingoß, rührte sich der zusammengerollte Igel nicht von der Stelle.
Ich ging wieder hinein und beobachtete im Lichtstrahl der Taschenlampe den Igel.
Nach einer ganzen Weile begann er sich zu regen. Dann schlapperte er schmatzend die Milch. Zuletzt stieg er mit den Pfoten in die Blechschüssel, und als sie leer war, schob er den Napf mit der Schnauze vor sich her. Der Napf kippte um und rollte hin und her über die Steine der Terrasse. Es klapperte noch lange – dann war es endlich still.
Von da ab füllte ich jeden Abend Milch in den Blechnapf.
Nacht für Nacht begann es lange Zeit zu klappern.
Es störte mich aber nicht mehr, denn ich wußte ja – es ist der Igel.

Ursula Fack

Bestimmt werden Kinder nach dem Vorlesen dieses Textes eigene Geschichten beitragen können, Erlebnisse, die sie selbst spät am Abend hatten. Unbekannte Geräusche werden dann besonders deutlich, wenn man allein im Bett liegt.

Gesprächsimpuls:

Was tust du, wenn du spät unbekannte Geräusche hörst?
Dabei werden dann unterschiedliche Vorstellungen erzählt werden, die vom Einbrecher bis hin zum Klappern der Fensterläden und zu unerwarteten Begegnungen reichen.
Der Text schildert, welche besonderen Erlebnisse man auch nachts haben kann, wenn die lauten Geräusche des Tages verstummt sind.

*** Wenn ich allein bin, hab ich manchmal Angst

Schilderung der Ängste, die Kinder manchmal im dunklen Zimmer abends haben…
Versuch, die Angst zu überwinden.

Angst haben; Angst am Abend, in der Dunkelheit; Angst überwinden; sich an Dunkelheit gewöhnen; sich selbst überwinden.

Wenn ich allein bin,
habe ich manchmal Angst.
Ich möchte dann am liebsten alle Lichter anschalten,
im Klo, im Flur, in der Küche und in allen Zimmern.
Das Radio möchte ich ganz laut drehen und die Spülmaschine
laufen lassen, und mit einer schweren Kette die Haustüre zusperren.
Wenn ich Angst habe, kriege ich nicht richtig Luft,
und meine Hände werden naß.
Überall hockt dann was in der Ecke.
Eine riesige Spinne – der aufgespannte Regenschirm –,
und mein Strumpf unterm Stuhl
ist eine zusammengerollte Giftschlange.
Im Papierkorb raschelt's deutlich.
Was unter dem Bett lauert, wage ich gar nicht zu denken.
Geräuschlos versuche ich, ins Bett zu schleichen
und ziehe die Decke bis über den Kopf.
Hat es im Badezimmer nicht schon wieder geknackt?
Wenn ich dann zu atmen aufhöre,
pocht mein Herz so laut, daß ich nichts mehr höre.
Das macht die Angst noch größer…

Manchmal halte ich es nicht mehr aus.
Dann laß ich einen Indianerschrei los,
springe aus dem Bett und werfe meine Spielkiste um.
Der laute Krach schluckt die Angst.
Mit meinem Stock gehe ich dann in die Ecken und Winkel
und treibe die Angst weg,
spieße den Schlangenstrumpf auf
und gehe als Sieger ins Bett…

Frieder Stöckle

Der Text regt Kinder an zu berichten, wovor sie selbst abends Angst haben, wie sie selbst versuchen, diese Angst zu überwinden und wer ihnen dabei hilft.

Gesprächsimpuls:

Was tust du, wenn du abends Angst hast?

- die Tür einen Spalt breit auflassen
- wieder aufstehen, zu den Eltern gehen
- nach den Eltern rufen
- das Licht anschalten
- singen, summen...

Es kann behutsam darauf hingewiesen werden, daß alle Menschen Angst haben, daß die Großen früher auch im dunklen Zimmer manchmal Angst hatten, daß es aber auch einen gibt, an den man sich mit seiner Angst wenden kann und der einen tröstet.

Die Eltern können ein Kind trösten, aber auch Kinder können Erwachsene trösten. Im Gebet, im Abendgebet, vertrauen wir uns Gott an und geben uns in seinen Schutz. („Halte zu mir heute, guter Gott", hrsg. von Rolf Krenzer, Lahn-Verlag, Limburg.)

** Eine Nacht im Dunkeln

Die Liebe zu seiner Mutter befähigt den kleinen Stefan, seine Angst zu überwinden.
Er schläft ganz allein eine ganze Nacht lang in der Scheune.

Angst; Angst überwinden; Angst überwinden, weil Vertrauen, Wissen um Geborgenheit durch die Eltern besteht.

Stefan ist tagsüber sehr mutig. Aber sobald es Abend wird, fürchtet er sich. Er hat Angst vor der Dunkelheit. Im Herbst wird es schon früh dunkel, und im Winter noch viel früher.

„Könntest du mir beim Bäcker schnell noch ein Brot holen, bevor der Laden schließt?" fragt die Mutter.

Stefan schüttelt erschrocken den Kopf.

„Es ist ja schon dunkel", sagt er.

„Schade", sagt die Mutter. „Da muß ich also selber gehen, obwohl ich so viel zu tun habe."

Stefan schluckt. Er verzieht sich in sein Zimmer.

Einmal hat die Mutter Grippe. Sie hat Fieber und liegt im Bett.

Am Abend sagt sie: „Ich habe hier einen wichtigen Brief, den ich eben erst geschrieben habe. Er muß heute noch fort. Bitte, bring ihn zum Briefkasten."

„Aber es ist doch schon dunkel, und du weißt doch, daß ich nicht allein durchs Dunkle gehe!" sagt Stefan.

„Ach“, sagt die Mutter traurig, „diesmal kann ich nicht selber gehen. Da wird die Omi aber sehr auf Nachricht von uns warten. –“
„Wenn es draußen hell wäre, würde ich ja sofort gehen“, sagt Stefan bedrückt. „Aber du weißt doch –“
„Ja, ich weiß“, seufzt die Mutter.

Bald ist Mutters Geburtstag.
„Was wünschst du dir?“ fragt Stefan. „Ich hab aber nicht viel Geld.“
„Ich wünsche mir etwas, was gar kein Geld kostet“, sagt die Mutter.
„Ich wünsche mir von dir, daß du keine Angst mehr vor der Dunkelheit hast.“
Da wird Stefan sehr still und nachdenklich. In den Tagen bis zu Mutters Geburtstag seufzt er oft und schläft sehr unruhig. Er lacht auch nicht so viel wie sonst.
Am Abend vor Mutters Geburtstag borgt sich Stefan von seinem Vater den Schlafsack aus, von seiner Mutter die große Reisetasche. Den Schlafsack packt er in die Reisetasche. Seinen Schlafanzug und seinen Plüschteddy stopft er auch hinein.
„Was hast du vor, Stefan?“ fragt die Mutter.
„Du darfst jetzt nicht fragen“, antwortet Stefan. „Es ist nichts Böses, was ich heute nacht tun will. Du brauchst auch keine Angst um mich zu haben.“
Er küßt sie und drückt sie, und dann küßt und drückt er auch den Vater. Er wendet den Kopf weg. Er will nicht, daß Vater und Mutter seine Tränen sehen. Er nimmt die große Tasche und geht aus dem Wohnzimmer hinaus, die Treppe hinunter, quer über den Hof und dann in die Scheune. Sie gehört einem Bauern aus dem Dorf. Sie ist vollgestopft mit altem Gerümpel. Unter dem Dach liegt Heu. Tagsüber spielt Stefan gern in dieser Scheune, aber in der Dunkelheit nie.
Es dämmert schon. Bald wird es dunkel sein.
Vater und Mutter haben durch das Fenster gesehen, daß ihr Junge in die Scheune gegangen ist. Dort ist er jetzt ganz allein im Dunkeln. Sie lauschen. Sie hören es zwischen dem Gerümpel knacken und eine Weile später im Heu rascheln. Und dann hören sie Stefans Stimme. Oh nein, er ruft nicht. Er singt. Er singt ganz leise und immer die gleichen Worte:

„Liebe Mama, liebe Mama,
ich schenk dir eine Nacht zum Geburtstag,
eine Nacht im Dunkeln,
im Dunkeln ganz allein,
liebe, liebe Mama —“

„Sollen wir ihn wirklich die ganze Nacht allein dort drüben lassen?“ fragt die Mutter und wischt sich die Augen.

„Das müssen wir schon tun", antwortet der Vater. „Sonst würden wir ihm alle Freude verderben."
Sie hören ihn durch das offene Fenster noch lange singen. Als ein starker Wind aufkommt und um die Scheune heult, wird Stefans Stimme lauter. Erst kurz vor Mitternacht verstummt sie.
Am nächsten Morgen kommt Stefan mit Heu im wirren Haar und blassem Gesicht aus der Scheune zurück. Er umarmt die Mutter und flüstert ihr ins Ohr: „Ich hab's geschafft, dein Geburtstagsgeschenk. Ich hab dir eine Nacht im Dunkeln geschenkt."
Die Mutter zieht Stefan auf den Schoß und sagt: „Das ist das herrlichste Geschenk, das ich je bekommen habe. Danke, mein lieber Junge."
„Ab heute geh ich für dich immer durchs Dunkle", sagt Stefan. „Gegen so eine lange Nacht ist das ja nur ein Klacks."

Gudrun Pausewang

Der Zuhörer weiß mehr als der kleine Stefan in dieser Geschichte, der aus Liebe zu seiner Mutter alles daransetzt, seine Angst vor der Dunkelheit zu überwinden. Der Zuhörer erfährt nämlich, wie sich die Eltern um ihren Jungen sorgen, daß sie ihn wirklich allein in die dunkle Scheune ziehen lassen und darüber wachen, daß ihm dort nichts passiert.
Stefan besiegt im Singen seine Angst... und die Eltern hören, daß es ihm gelingt. Sie geben ihm die Chance, sich zu bewähren und halten die Hand über ihn, aber so, daß er sich von ihrer Fürsorge nicht bedrängt oder eingeengt fühlt. Er entscheidet sich selbst und ist anschließend mit Recht stolz auf das, was ihm gelungen ist. Hier schließt sich der Vergleich mit dem Abendgebet direkt an: Gott drängt sich nicht auf, engt uns nicht ein, läßt uns gewähren und bewähren. Im Abendgebet vertrauen wir uns ihm an, so wie sich der kleine Stefan seinen Eltern anvertraut, als er sie am Abend verläßt, um in die Scheune zu gehen. Und Gott hört uns, wenn wir singen, er steht uns bei, wenn wir versuchen, unsere Angst zu überwinden.

Psalm: Der Herr ist mein Hirte.

* Kinder beten

Sammlung einfacher Kindergebete, die aktuelle Sorgen und Nöte aufnehmen.

Beten; sich Gott anvertrauen; mit Gott kann man über alles sprechen; Gott darf man seine Bitten vortragen; Gott hört uns zu, er gibt uns Trost und Kraft.

Ich kann meine Hände falten,
wie ein Dach zusammenhalten.
Unters Dach kann ich nicht treten,
aber ich kann darunter beten.
Ist dies Gotteshaus auch klein,
es wird immer bei mir sein,
und in Freuden und in Sorgen
bin ich stets in Gott geborgen.

Lieber Gott,
es ist schon spät, und die Mutter ist nicht zu Haus. Der Vater ist auch fort. Ich habe Angst. Aber ich weiß, wenn die Mutter Angst hat, dann betet sie zu dir. Wenn Mutter mit dem Beten fertig ist, dann ist sie fröhlich. Ich will auch beten.

Lieber Gott, die Eltern sagen,
Sonne, Mond und Sterne, alles ist von dir,
auch Blumen und Bäume und jedes Tier.
Wir alle sind mit dir verwandt.
Du hast uns alle immer gekannt.
Und alle können zu dir kommen.
Das wird mal ein großes Fest.

Lieber Gott,
Vater sagt, du bist reich. Du hast viele Häuser, all die Kirchen in den Städten und Dörfern. Aber wo kann ich dich sehen und besuchen? Wo bist du wirklich zu Haus?

Lieber Gott,
warum sagen die Großen immer, was wir nicht dürfen? Du darfst nicht hier spielen, du darfst nicht laut sein, du darfst nicht stören, du darfst hier keine Schaukel aufhängen, du darfst an dieser Wand nicht mit dem Ball spielen, du darfst im Treppenhaus nicht...
Ist die Welt denn nur für die Erwachsenen? Wo ist denn eine Welt für Kinder?

Lieber Gott,
ich wünsche mir eine Oma, die nicht arbeiten gehen muß.

Lieber Gott,
bei uns in der Straße gingen heute abend die Lichter aus. Es war überall

dunkel. Mutter zeigte mir den Himmel. Da schienen die Sterne. Mutter sagt, bei dir kann das Licht nie ausgehen. Auch wenn wir es nicht sehen, bei dir brennt immer Licht. Das ist gut, daß immer Licht ist.

Lieber Gott,
Vater sagt, der fremde Mann war kein Held, der auf Großvater geschossen hat. Aber mein Großvater war ein Held, weil er auf niemanden geschossen hat. Jetzt ist er bei dir.

Lieber Gott,
kannst du nicht machen, daß die Menschen aufhören, so laut zu schreien und daß niemand mehr weinen muß? Laß alle Kinder auf der Welt Lieder singen für sich und für dich.

Lieber Gott,
laß alle Eltern sein wie im Lesebuch! Laß alle Familien sein wie im Lesebuch! Dann hätte ich auch einen Bruder und eine Schwester.

Lieber Gott,
die Großen, die Erwachsenen, sind stärker als die Kinder. Viele Große bestrafen die Kinder. Sie dürfen schlagen und schreien. Du bist noch größer und noch stärker. Bestrafst du einmal die Großen?

Lieber Gott,
heute war im Fernsehen ein Film mit Krieg und Toten und kaputten Häusern. Kannst du nicht machen, daß es keinen Krieg gibt? Kannst du nicht Fernsehen machen? Dann zeigst du den Menschen Filme ohne Krieg. Vielleicht vergessen sie ihn dann und halten Frieden.

Sonja Matthes

Bestimmt ist ein Gebetsreim am Abend etwas, was in vielen Familien Kind und Eltern zusammenführt. Das freie Gebet ist weniger üblich. Und gerade hier kann das Kind bereits früh angeleitet werden, seine ganz persönlichen Nöte und Sorgen, aber auch seinen ganz persönlichen Dank mit eigenen Worten vor Gott zu bringen. Oft sind es die Eltern, die das freie Gebet nicht wagen und lieber bereits vorgeformte Gebete vorziehen. Die hier angebotenen Gebete geben Anstöße,

Kinder selbst formulieren zu lassen und mit ihnen gemeinsam ein freies Gebet zu wagen.
Man kann auch ein Gebet aufschreiben oder aufmalen.
Nach einer Familienfreizeit, in der versucht wurde, mit Kindern und ihren Eltern freie Gebete zu sprechen, schrieb Gerda Schulz aus Wallrabenstein über das, was sie dabei erfahren durfte, als sie es wirklich mit ihrem Kind versuchte. Eine Bestätigung, wie wichtig gerade das freie Gebet ist.
„Christiane ist an Tischgebet und Abendgebet in Form von Gebetsreimen gewöhnt, aber ich habe noch nie ‚frei' mit ihr gebetet. Heute abend habe ich *erstmalig* damit begonnen, und zwar erst mal mit dem Danken.

Christiane war gerade krank gewesen und durfte zu ihrem Leidwesen nicht in die Schule. Nach dem Gebets-Vierzeiler, den sie selbst spricht, sagte ich: ‚Vielen Dank, lieber Gott, daß ich wieder gesund bin und wieder in die Schule gehen darf. Vielen Dank für das Honigbrot und vielen Dank für die Milch. Vielen Dank für den Sonnenschein!'
Ich merkte, daß sie zuhörte.
Dann sagte ich: ‚Und jetzt kommst du dran mit Danken. Sag mal: Vielen Dank für...'
Darauf sagte Christiane nach einer Weile: ‚Vielen Dank für die Mutti!' Ist das nicht schön?"

Christiane ist geistig behindert und besucht eine Schule für Geistigbehinderte. Auch und gerade sie ist fähig, Gott ihr Anliegen vorzutragen und Gott zu danken. Je früher jedes Kind erfährt, daß es mit Gott über alles sprechen kann, um so eher wird es bereit sein, sich ihm anzuvertrauen mit allem, was es bewegt.

Eine große Sammlung aktueller Kindergebete mit vielen Fotos zu den jeweiligen Gebetsinhalten und Liedern wird unter dem Titel „Halte zu mir heute, guter Gott", hrsg. von Rolf Krenzer, im Lahn-Verlag, Limburg, angeboten; dazu eine gleichnamige LP/MC bei Studio Union im Lahn-Verlag, Limburg, und Impulse Musikverlag, Drensteinfurt.

* Wiegenlied

Eltern vermitteln Gottes Fürsorge; Abendlied, Wiegenlied.

Geborgenheit; Gottes Schutz; Bewußtes Stellen unter Gottes Schutz; Gott ist immer bei uns, Tag und Nacht.

Wiegenlied

T: Rolf Krenzer
M: Klaus Irmer

Still ist's im Zimmer…
2. Mit meiner Decke wärme ich dich.
Schlafe, mein Kleiner(s), drück dich an mich.

Still ist's im Zimmer…
3. Auf meinen Armen wiege ich dich.
Schlafe, mein Kleiner(s), drück dich an mich.

Still ist's im Zimmer…
4. Mit meiner Liebe schütze ich dich.
Schlafe, mein Kleiner(s), drück dich an mich.

Auf der LP/MC „Ein Regenbogen bunt und schön" wird das Lied mit der Melodie von Siegfried Fietz angeboten.
Das Lied kann nicht nur als Wiegenlied eingesetzt werden, sondern auch im Abendkreis mit Kindern, Jugendlichen und Erwachsenen.
Wir stehen im Kreis, reichen uns die Hände, schaukeln zu dem Lied. Wir wenden uns einander zu, berühren uns, streicheln uns, fühlen uns in der Geborgenheit durch den anderen wohl, beschützen den anderen und lassen uns von ihm beschützen.
Jedes Kind kann eine Kerze tragen und dann zu dem gehen, den es besonders lieb hat. Er legt seine Arme um das Kind. Zum Schluß bläst einer nach dem anderen seine Kerze aus und wünscht „Gute Nacht!" Erst wenn die letzte Kerze ausgepustet ist, wird wieder die elektrische Beleuchtung eingeschaltet.